agenda Zeitlupe 9

Dieter Lünse / Jörg Rohwedder / Volker Baisch

Zivilcourage

Anleitung zum kreativen Umgang mit Konflikten und Gewalt

Die Deutsche Bibliothek – CIP-Einheitsaufnahme

Lünse, Dieter:
Zivilcourage : Anleitung zum kreativen Umgang mit
Konflikten und Gewalt / Lünse/Rohwedder/Baisch.
2., überarb. Aufl. - Münster : Agenda-Verl., 1998
(Agenda Zeitlupe ; 9)
ISBN 3-929440-72-5

Hammer Str. 223, D-48153 Münster

2. Auflage 1998
Illustrationen: Lawrence Coronel
Gestaltung/Satz: LennART & RusgiART
ISBN: 3-929440-72-5

Zivilcourage

Anleitung zum kreativen Umgang mit Konflikten und Gewalt

Dieter Lünse / Jörg Rohwedder / Volker Baisch

INHALT CONTENTS

Inhalt

Kapitel D

Grenzen

ZIVIL COURAGE

Das vorliegende Buch ist das Ergebnis einer mehrjährigen Arbeit zum Thema. Wir fassen darin unsere Erfahrungen aus gewaltfreien Aktionstrainings, der Friedens- und Konfliktforschung, der betrieblichen Bildungsarbeit und den Trainings für gewaltfreies Handeln zusammen.

Das Buch ist in vier Kapitel gegliedert. In einem einleitenden und einem abschließenden Kapitel schlagen wir den Bogen, um den es uns geht: Zivilcourage zu entwickeln und sich der Grenzen und Möglichkeiten der eigenen Macht und den eigenen Fähigkeiten in alltäglichen Gewaltsituationen bewußt zu werden. Im ersten Kapitel werden Gedanken zu Zivilcourage anhand von Beispielen dargestellt. Es wird eine Antwort auf die Frage gegeben, woher Menschen die Kraft nehmen, um über ihren Schatten zu springen und für bedrohte Personen einzugreifen. Im letzten Kapitel werden die Grenzen von Zivilcourage aufgezeigt, und es wird ein Fazit versucht. Kapitel A und D bilden den inhaltlichen Rahmen für den praktischen Teil: die „Anleitung zum kreativen Umgang mit Konflikten und Gewalt".

Dem kreativen Handeln haben wir zwei Dinge vorangestellt: „Mach Dir einen Rahmen", und werde Dir bewußt über Deine Rolle als Teamerin. Für jedes der acht Unterkapitel im Übungsteil sollten diese Tips präsent sein. Der Übungsteil, das dritte Kapitel, gibt die wichtigsten Bausteine unserer Seminare im Umgang mit Gewalt und Konflikten wieder. Jeder Baustein besteht aus einem einleitenden Text und den aufeinander aufbauenden Methoden. Auf Seite 33 haben wir zum Überblick unter „How to use" eine

Gebrauchsanleitung zum Konzept der einzelnen Bausteine gegeben. Die meisten Übungen können aber ohne weiteres aus dem vorgegebenen Plan herausgenommen und für einen Gruppenabend oder eine Schulstunde genutzt werden. Die Methoden und Arbeitsblätter sind geeignet, sich den Inhalten auf verschiedene Weise zu nähern. Wir verfolgen dabei das Konzept, daß Teilnehmende und Teamer mit ihren eigenen Erfahrungen arbeiten und voneinander lernen. Mit dem erfahrungsorientierten Ansatz stellen wir aber nicht allein das Individuum in den Mittelpunkt. Es geht uns darum, das Individuum auch mit den gesellschaftlichen Strukturen zu konfrontieren. Wir zeigen auf, daß der einzelne durch Gesellschaft beeinflußt ist und daß er Einfluß üben kann.

Das Arbeiten in Gruppen zum Thema Gewalt erfordert Aufmerksamkeit und ein wenig Erfahrung, und das Buch ist nicht als eine Spielesammlung konzipiert. Wir legen aber auch kein ausgefeiltes und nur für Expertinnen nutzbares Konzept vor. Unsere Erfahrungen stammen aus der Arbeit mit interessierten Jugendgruppenleitern, Sozialpädagoginnen und Lehrern, an welche sich das Buch richtet. Wir stellen methodische Konzepte vor, die mit den Erfahrungen ausgebildeter Jugendgruppenleiter und interessierter Pädagoginnen leicht nachvollziehbar sind. Dabei wünschen wir den Lesern den Mut, sich bei Bedarf über die gedruckte "Anweisung" hinwegzusetzen und mit der nötigen Vorsicht Neues auszuprobieren. Wer gerne unter Anleitung das "Teamen" lernen möchte, kann sich an die im Adressenteil aufgeführten Bildungseinrichtungen wenden. Dort werden u.a. Multiplikatorenseminare angeboten.

Für die Arbeit mit den Bausteinen zum Kreativen Handeln eignen sich Rollenspiele besonders gut. Im Methodenteil sind vorbereitete Rollenspiele und Übungen mit Rollenspielcharakter vorgestellt. Für diese Übungen wird ausreichend Zeit benötigt; deshalb eignen sie sich gut für ein Wochenende oder die Projektwoche in der Schule. Wer tiefer in die Arbeit mit Rollenspielen einsteigen möchte, braucht Erfahrung und Weiterbildung. In jedem Baustein sind dazu weiterführende Literaturhinweise zu finden.

Wir haben in den vergangenen zwei Jahren unsere eigene Rolle als Teamer immer wieder kritisch überdenken müssen. In dem Kapitel „Gut auf der Rolle" zeigen wir die Ergebnisse unserer Diskussion auf und hoffen, zu einem sensiblen Umgang mit der eigenen Rolle beitragen zu können. Im letzten dreiviertel Jahr haben wir uns mit dem Verhältnis der Geschlechter in der Trainingsarbeit beschäftigt und sind noch in einem fortdauerndem Diskussionsprozeß. Wir weisen bei den Übungen immer wieder darauf hin, wann uns eine geschlechtsgetrennte Arbeit notwendig und sinnvoll erscheint. Wer über die Unterdrückung von Frauen diskutiert, muß auch über Sprache reden. Es gibt mehrere Möglichkeiten, Gleichheit in der Verwendung von Worten herzustellen. Schon im Vorwort haben wir das „Innen" vermieden, weil es einen Text nicht schöner macht und sich auch nicht besonders gut liest. Die weibliche und die männliche Schreibweise wird sich in diesem Buch munter und ohne besondere Regelmäßigkeit abwechseln, so daß sich jede und jeder stets angesprochen fühlen darf.

In einem Prozeß aus Diskutieren, Probieren, Auswerten und Dokumentieren haben wir 1995 diese Methodensammlung zusammengestellt. Das Buch hat sich seither in der Praxis gut bewährt. Der Bedarf nach einer konstruktiven Bearbeitung von Konflikten und Gewalt ist nicht abgerissen. Mit dieser zweiten Auflage wollen wir den weiteren Weg für zivile Konfliktbearbeitung bahnen. Wir danken für die aktive Unterstützung, für kreative Ideen und praktische Zusammenarbeit:

Michael Ahlswede, Sven Anders, Hagen Berndt, Ann-Kristin Kröger, Ina Kiesewetter, Uta Mayer, Anke Siebel, Katja Wilken, Eva-Maria Willkomm, Joscha Wullweber.

Hamburg, im Juni 1998

Volker Baisch, Dieter Lünse, Jörg Rohwedder

Kapitel A

Zivilcourage

Keine Gewalt! Deeskalation, Zivilcourage

Diese Aussprüche begleiten uns im Zusammenhang mit rassistischen Äußerungen und gewalttätigen Übergriffen in der Öffentlichkeit seit mehreren Jahren. Wir haben nicht nur von Übergriffen auf Ausländerinnen, sondern auch auf Behinderte, Alte, Obdachlose und Frauen gehört.

Viele Menschen sind Belästigungen und Angriffen ausgesetzt.

Auch wenn die Übergriffe zur Zeit nicht ganz so spektakulär sind wie zu Zeiten von Hünxe, Hoyerswerda, Rostock, Mölln oder Solingen, so sind doch viele Menschen weiterhin Belästigungen und Angriffen ausgesetzt. Und bei vielen ist die Angst geblieben, als Opfer wie auch als Zuschauer aus Gewalthandlungen keinen Ausweg zu wissen. Mit dem Ausruf: „Keine Gewalt!" können wir versuchen zu deeskalieren. Doch wird unser Mut dazu reichen? Wie können wir diesen Mut und die nötige Zivilcourage aufbringen, um einzuschreiten? Wird sich die Angst vielleicht noch verstärken?

Wenn wir uns fragen: „Wie können wir eigentlich auf Gewalt, Bedrohung und Schreckenssituationen reagieren?", so ist die erste Reaktion bei vielen, Schutz und Sicherheit zu suchen. Wir gehen abends lieber nicht mehr allein auf die Straße, denn das Böse könnte aus dem Dunkel kommen und uns anspringen. In der U-Bahn suchen wir uns lieber eine Ecke, in der wir ungestört sind. Wenn es dann in irgendeiner Ecke des Waggons brodelt, hoffen wir darauf, daß es an uns vorüberzieht und sich die Situation von allein wieder entspannt.

Was passiert, wenn mir jemand „an die Wäsche geht"?

Wenn es jetzt nicht aufhört und die Stimmen lauter werden, der eine bereits den anderen beschimpft - was dann? Es könnte doch jemand einschreiten. Aber niemand rührt sich. Wenn ich einschreite, bin ich vielleicht den angedrohten Schlägen ausgesetzt. Und dann? Stört sich denn niemand an dem Geschrei? Alle schauen weg, als wenn es keinem auffällt. Und nun? Jetzt scheint es schon, als wenn sich die Kontrahenten „an die Wäsche" gehen. Es ist, als wenn ich meine Stimmbänder nicht mehr benutzen könnte. Eigentlich müßte ich schreien, doch die Stimmbänder lassen sich nicht bewegen. Die U-Bahn fährt in die Station ein, die Türen gehen auf, die Personen lassen voneinander ab, einer der Kontrahenten steigt aus. Es ist noch einmal gut gegangen. Und beim nächsten Mal?

Ein Mann versucht, eine Frau anzumachen.

So oder ähnlich erleben wir Gewalt im Alltag. Menschen sind voneinander genervt, Mißfallen wird geäußert, und es beginnt mit Anmache. Oder es geht um eine plumpe Kontaktaufnahme. Ein Mann versucht, eine Frau anzuquatschen, sie anzubaggern. Er versucht gar nicht erst, ins Gespräch zu kommen, sondern spricht sie gleich auf ihre äußeren Reize an. Er fühlt sich überlegen, hat keine Angst davor, für sein unverschämtes Verhalten wiederum angemacht zu werden. Er kann sich darauf verlassen, daß niemand so schnell einschreitet und der Frau zu Hilfe kommt. Er weiß, daß er sich immer noch herausreden kann, daß niemand etwas dagegen haben wird, wenn er „ein paar lockere Sprüche" über eine gewisse Distanz schmettert. „Was war denn schon?", wird er sagen. Er kann sich einem großen Einverständnis seiner Umgebung sicher sein. Niemand wird so schnell die Frau fragen, ob sie sich belästigt fühlt. Und täten die anderen Männer es nicht genau so gerne wie er? Trauen sie sich nur nicht?

Die andere Wahrnehmung: aus der Sicht der betroffenen Frau.

Aus der Sicht der Frau sieht diese öffentliche Anmache ganz anders aus. Sie dachte sich gerade nichts Böses und wird, ohne es zu ahnen, von der Seite angequatscht. Was nun? Meint er eigentlich mich oder eine ganz andere? Gar nicht beachten, vielleicht... Meine Aufmerksamkeit würde ihn nur ermuntern. Wieder ein Spruch, ich möchte mich am liebsten verkriechen. Der Typ ist echt peinlich, merkt das denn keiner? Was könnte ich ihm nur entgegenschleudern? Welche Worte könnten ihn zum Schweigen bringen? Doch warum soll ich mich eigentlich mit diesem dummen Gequatsche auseinandersetzen?

Wenn keine Reaktion kommt, steigert der Mann seine Sprüche. Er will eine Reaktion, und er schafft es, diese zu provozieren. Wie können wir einschreiten? Wieviel Mut ist nötig, um in dieser Situation aufzustehen und sich dazwischen zu stellen? Wie könnte sich das Opfer verhalten? Wird sie nicht immer die Unterlegene sein? Und regen wir uns nicht umsonst über Anmachen, Belästigungen, Bedrohungen und Gewalt in der Öffentlichkeit auf? Kommt es überhaupt so oft vor? Oder wird es uns durch die Medien nur so suggeriert?

Härtere Strafen und Wachpersonal können die Gewalt nicht verhindern.

Eine Umfrage des Professors Bernd Kollek der Alice-Salomon-Fachhochschule in Berlin (Gehrmann, 1994) ergab bei 265 in öffentlichen Verkehrsmitteln befragten Fahrgästen, daß ein Viertel bereits Gewalt in Bus und Bahn persönlich erfahren hat. Mehr als die Hälfte fühlte sich selten oder nie bedroht. Immerhin 35% fühlten sich manchmal bis häufig bedroht. Auf die Frage: „Wie reagieren Sie auf diese Bedrohungen und auf Gewalt?" war der Ruf nicht eindeutig nach mehr Polizei. Nur knapp die Hälfte meinte, daß härtere Strafen und Wachpersonal eine Gewaltprävention darstellen könnten. Die meisten setzten sich jedoch für Lösungen ein wie: mehr Kontakt zwischen Menschen verschiedenen Alters und verschiedener Nationalitäten schaffen. Und 88% sahen eine Lösung des Gewaltproblems in der Aufforderung nach gegenseitiger Hilfe und in offenem Auftreten gegen Gewalt, kurz gesagt Zivilcourage.

Engagiertes Auftreten für menschliches Verhalten ist nicht selten.

Zivilcourage und deutliches Auftreten für menschlicheres Verhalten sind gar nicht so selten. Der Inhaber einer Firma für Gas- und Wasserinstallation mußte erleben, daß sich einer seiner Angestellten weigerte, mit seinem farbigen Kollegen auf Montage zu gehen (IG Metall, 1994). Daraufhin schaltete er eine Anzeige in verschiedenen Hamburger Tageszeitungen und warb um neue Mitarbeiter, „die die Menschenrechte und Menschenwürde eines jeden akzeptieren". Er machte in dieser Anzeige deutlich, daß er keine Mitarbeiter mit einer rassistischen Gesinnung will. Er stellte hierbei nicht die Arbeit und seinen Gewinn in den Vordergrund seiner Firmentätigkeit, sondern setzte die Priorität auf menschenfreundliches Verhalten. Er konnte nicht wissen, ob er Erfolg mit diesem Vorgehen haben würde. Doch sein couragiertes Auftreten brachte ihm viele Bewerbungen ein. Auch Drohanrufe waren eine Folge. Er war ein Risiko eingegangen und hatte ein Zeichen gegen zunehmenden Rassismus in der Arbeitswelt gesetzt.

Ein Polizeibeamter verhilft einem zu Unrecht Gefangenen zur Flucht.

Ein anderes Beispiel für couragiertes Handeln ist der Polizeibeamte Roland Schlosser (ami 1994). Er hat im Juni 1993 den Flüchtling Alves da Costa aus dem Gefängnis im südpfälzischem Landau befreit. Dieser war mit zwei weiteren Afrikanern in eine neun Quadratmeter große, fensterlose Zelle mit einer Holzpritsche inhaftiert worden. Der Hofgang wurde ihnen aufgrund von Personalknappheit verwehrt, so daß die Bedingungen einer Isolationshaft gleichkamen. Roland Schlosser setzte sich für bessere Haftbedingungen ein. Vergeblich. Kein Gefängnis wollte die Männer aufnehmen. Daraufhin befreite er Alves da Costa und brachte ihn bei einem Freund unter. Eine Woche später wurde dem Befreiten das Bleiberecht zuerkannt. Obwohl die Freilassung da Costas sowieso erfolgt wäre, wurde dieser Akt zivilen Ungehorsams des Polizeibeamten bestraft: Schlechte Beurteilungen seitens seiner Vorgesetzten, Aberkennung der obligatorischen Vergütung nach 25 Dienstjahren und ein Strafverfahren mit einer Geldbuße von 2.000 DM. Es wurde bei dem Urteil nicht seine couragierte Tat gesehen, sondern der Ungehorsam gegen bestehende Gesetze bestraft. Durch sein Handeln ist die widerrechtlich angewandte Gewalt gegen drei Menschen gestoppt worden. Er mußte dafür ein Gesetz brechen, welches zu Unrecht angewandt worden war. Nur formal hatte es Bestand und wurde später sowieso widerrufen. „Zivilcourage ist nicht umsonst zu haben", bilanzierte der Ministerpräsident von Niedersachsen, Gerhard Schröder, diese Tat.

Die Zivilcourage wird nicht belohnt.

Als Polizeibeamter, der zudem noch 25 Jahre im Dienst ist, die eigenen Gesetze zu übertreten, um für die Erhaltung der Menschenrechte einzutreten, erfordert einiges. Woher nehmen solche mutigen Menschen ihre Kraft? Was machen sie anders als andere? Diese Fragen wurden auch zum Verhalten von Menschen im 3. Reich gestellt. Allerdings nicht sofort. Zuerst beschäftigte man sich mit den Grauen dieser Geschichte. Erst 30 Jahre nach Kriegsende wurden die Geschichten zusammengetragen, die von dem Mut und den Taten der Menschen erzählen, die sich der Diktatur nicht gebeugt haben. In ihrer sozialen Erscheinung heben sich diese Menschen nicht von der Masse ab. Sie sind nicht besonders reich oder stark. Ihre Geschichten sind Alltagsgeschichten. Es hat sich herausgestellt, daß ihr menschenwürdiges

Verhalten oft spontan erfolgte. Eine Befragung von 400 Personen (Heuer 1994), die verfolgten Menschen während der Nazizeit geholfen haben und sich dadurch selbst in Gefahr brachten, ergab, daß die Mehrheit im konkreten Moment und um der Menschen willen aktiv wurde. Ohne große Überlegung lag für sie die couragierte Tat auf der Hand.

Helfende Menschen haben gelernt, die eigenen Kräfte einzuschätzen.

Aus dieser Untersuchung ist deutlich geworden, daß die Entwicklung und die verschiedenen sozialen Einflüsse für ihr Verhalten die entscheidende Rolle spielten. Helfende Menschen haben gelernt, die eigenen Kräfte einzuschätzen. Und sie können diese auch sicher einsetzen. In ihrer Erziehung wurden sie dazu ermuntert und gefördert. Sie wurden eher nicht diszipliniert und hatten ein ausgeprägtes Gefühl für Gerechtigkeit. Interesse und Verantwortungsbewußtsein gegenüber anderen hatten sie geprägt. Menschen mit Zivilcourage unter der Diktatur hatten laut dieser Untersuchung Gefühl für das Wohlergehen anderer erlernt und konnten sich leicht in andere Personen hineindenken. Kurz gesagt, es handelt sich um empathiefähige Menschen. Empathie bezeichnet die dritte Position zwischen Sympathie und Antipathie. Diese menschliche Fähigkeit, sich in andere hineinzuversetzen, bedeutet, Mitgefühl zu entwickeln, ohne unbedingt mit den anderen übereinzustimmen. Empathiefähige Menschen sind eher dazu in der Lage, in Konflikten Lösungen zu entwickeln, weil sie im anderen nicht nur den Feind sehen. Durch diese Fähigkeit können sie den Konflikt aus einer anderen Perspektive betrachten und sehen daher Lösungen.

Menschen mit Zivilcourage sind keine Helden.

Andere, die im Faschismus nicht bereit waren zu helfen, die nicht ihrem Mitgefühl folgten, die mutlos waren, hatten mehr mit sich selbst und der Situation zu tun. Sie fühlten sich hilfloser und waren dies z.T. auch. Den Mut, den ersten Schritt zu tun, haben Menschen, die bereit sind, enge Bindungen zu anderen einzugehen und die von ihren Eltern eine vorgelebte Stärke mitbekommen haben. Zu diesem Schluß kommt eine Untersuchung durch den Psychologen Rosenham, der 27 Personen befragte, die jüdische Mitbürger retteten (Gehrmann, 1994).

Weiterhin stellt er fest, daß es keine Helden sind, sondern ganz normale Menschen, die es im Extremfall schaffen, aktiv zu werden. Sie rechnen nicht mit einer Belohnung, sondern gehen das Risiko einer Bestrafung ein. Ihr Mut verschafft ihnen also auch keinen materiellen Gewinn. Prägend für dieses Verhalten sind die Eltern und das Umfeld, in dem diese Menschen aufwuchsen. Normen und Werte, die sich in der sozialen Umgebung widerspiegeln, sind ebenfalls von großer Bedeutung. D.h., wenn sich die Werte in einer ganzen Gesellschaft sehr stark ändern, wird es auch für Zivilcourage schwieriger.

Wenn sich in einer Gesellschaft die Werte ändern, werden die Bedingungen für couragiertes Handeln schwieriger.

Wenn zum Beispiel Gewinnorientierung die wichtigste Priorität darstellt, wird es schwieriger. Oder wenn in Konflikten Krieg wieder zum legitimen Mittel der Politik wird oder wenn in einer Gesellschaft Minderheiten verfolgt werden, kann sich ein Veränderungsprozeß in Gang setzen. Wenn es die

Mehrheit nicht mehr für nötig erachtet, sich für bedrohte Menschen einzusetzen, kann es sein, daß sich die gesellschaftlichen Werte geändert haben. Ungerechtigkeit verfestigt sich leicht auf diesem Wege und wird schnell in Gesetze gegossen. Diese schleichende Veränderung und das einmal verübte Unrecht bildet Feindbilder aus und macht es leicht, Verstöße gegen die Menschenwürde als „nicht mehr so schlimm" zu erleben. Die kleine Tat zum Bösen kann diesen Prozeß auslösen, sowie auch die kleine Tat zum Guten große Rettungsaktionen ausgelöst hat. Gernot Jochheim beschreibt das in seinem Buch „Rosenstraße" eindringlich. Im Februar 1943 begann in Berlin eine große Verhaftungswelle von jüdischen Männern. Sie wurden zum Teil von der Arbeit abtransportiert und in das Sammellager „Rosenstraße" gebracht. Ihre Verhaftung sprach sich unter ihren zum Großteil nichtjüdischen Frauen und Verwandten schnell herum. Diese wollten ihre Männer mit dem Nötigsten, wie Essen und Kleidung, versorgen. Der Auftritt der Frauen entwickelte sich sehr schnell zu einer Demonstration. Das Hauptquartier der Gestapo lag ganz in der Nähe. Doch sie schritt nicht ein. Dafür gab es mehrere Gründe: Militärisch hatte es in diesem Wahnsinnskrieg bereits einige Niederlagen gegeben. Die Widerstandsgruppe „Weiße Rose" hatte kurz zuvor von sich reden gemacht. Und es brodelte öffentlich ein wenig, d.h., daß das Naziregime öfter einmal kritisiert wurde. Die Gestapo entschied sich, die öffentliche Meinung durch ein gewalttätiges Eingreifen gegen mehrere tausend nichtjüdische Frauen nicht noch weiter zu verschärfen. Da die Frauen jedoch nicht wichen, blieb der Gestapo nur die Freilassung der verhafteten Männer.

Bei einer schleichenden Verhärtung im zwischenmenschlichen Bereich bilden sich Feindbilder.

Aus einzelnem couragierten Verhalten hatte sich eine Frauendemonstration entwickelt. Sie hatten den Mut aufgebracht, in die Rosenstraße zu gehen, dort an den Absperrungen die Polizisten anzusprechen und eindeutig die Freilassung zu fordern. Sie waren unter dem Einsatz ihres Lebens nicht gewichen und wußten nicht, was ihrem Verhalten folgen würde. Zivilcourage ist die kleine Tat von wenigen, die sehr viel nach sich ziehen kann, wie das Beispiel aus der Rosenstraße zeigt. Zivilcourage bezeichnet damit nicht etwas Allgemeines, sondern etwas Relatives. Die kleine Tat steht in Relation zur Scheu oder zur Angst, die jemand hat und die von dieser Person überwunden wird. Es besteht das Risiko, aufgrund des eigenen Urteils einmal nicht in Übereinstimmung mit anderen zu sein. Jemand geht das Wagnis ein, etwas auszusprechen, was eigentlich in der Luft liegt, was jede und jeder aussprechen könnte, was aber des ersten Anstoßes bedarf. Aufgrund dieses Anstoßes bricht das Eis und viele folgen dem Beispiel. Je länger geschwiegen wird, desto schwerer wird es Zuschauenden bei Gewalthandlungen fallen, sich zu äußern und einzuschreiten. Nicht nur, weil das Risiko immer größer wird, sondern weil sie auch zu Mitwissenden werden, die sich durch ihr Nicht-Tun bereits ein wenig mit der Tat „angefreundet" haben.

Allein das Wagnis, etwas auszusprechen und das Schweigen zu brechen, kann anderen den Mut machen, sich einzumischen.

Zivilcourage ist kein theoretischer Gedanke, sondern konkretes Handeln und sich Bekennen.

Zivilcourage ist nicht nur die vielbeschworene Tugend, die nach den Pogromen von Rostock und Mölln und den vielen anderen Überfällen auf

Andersartige, auf Minderheiten insbesondere, immer wieder vom ehemaligen Bundespräsidenten Richard von Weizsäcker eingefordert wurde. Es ist die kleine Tat, die von allen Menschen zu leisten ist. Es ist der kleine Schritt, der Mut, den eigenen Schatten zu überspringen, ohne sich über die Folgen des eigenen Handelns sicher zu sein und etwas zu tun, was in bestehenden Gesetzen nicht vorkommt, möglicherweise sogar gegen diese verstößt.

Die Unterordnung aufgrund von Sachzwängen steht oft höher als mutiges Handeln.

Wie steht es um diese Form des öffentlichen Auftritts? Wird sie gern gesehen? Fördern die Erziehungsinstitutionen dieses Verhalten? Im Vordergrund steht bislang immer noch ein anderes Verhalten: die Eingliederung in vorgegebene Strukturen, in Schule und Betrieb. Es gelten in unserem Miteinander eher Sachzwänge. Leistungsmaßstäbe haben Vorrang vor einem Verhalten, welches keinen direkten Gewinn bringt. Wir rennen vielen Dingen hinterher und sind von der Zeit gehetzte Menschen. Unterordnung unter diese sogenannten Zwänge macht es sehr schwer, dem eigenen Urteil zu folgen. Noch schwerer machen es uns die Strukturen, von denen wir existentiell abhängig sind. In der Arbeitswelt sind es Vorgesetzte, die uns zu einem bestimmten Verhalten zwingen. Die Abweichung von konformen Verhalten macht den Abweichenden erst einmal einsam, zum Außenseiter und manchmal auch zum „Nestbeschmutzer“, wenn es um die Kritik an der eigenen Organisation geht.

Gedenktage für mutiges Verhalten gegen Unterdrückung werden nicht zur Förderung von Zivilcourage eingesetzt.

Hinzu kommt, daß dieses Verhalten in der Öffentlichkeit bei Erfolg sehr hoch gehängt wird. Die Gedenktage zum 20. Juli 1944, dem Tag des mißglückten Attentates auf Hitler, haben gezeigt, daß nicht die kleinen Taten, das abweichende Verhalten oder die Nonkonformität in den Vordergrund gehoben wurden, sondern das märtyrerhafte, das unerreichbare Verhalten, das meist mit dem Tod verbunden war. Gerade in diesem Jahr der Gedenktage zum Niedergang von Hitlerdeutschland wird deutlich, daß nicht der vorhandene breite Ungehorsam beleuchtet wird sondern die ganz einzelne Tat, die in diesem Verhältnis David gegen Goliath für die meisten Menschen nicht der Nachahmung möglich ist, da sie ihre Grenzen bei weitem überschreiten würde. Die Feiern und Ehrungen der Offiziere und Generäle des 20. Juli nahmen den größten Raum ein. So bekommen die gefeierten Personen eine Stellvertreterfunktion. Es ist ja von bürgerlicher und militärischer Seite etwas gegen die Barbarei getan worden. Die Offiziere und Generäle standen weit oben in der Militärhierarchie. Nur ihrem Widerstand zu gedenken, ist gerade ein Beispiel dafür, daß die Tugend nicht geehrt wird, sich abweichend zu verhalten, um für ein menschenwürdiges Leben einzutreten. Bis heute erhalten Deserteure aus dem Zweiten Weltkrieg keine Entschädigung und die von den Nationalsozialisten gefällten Urteile gegen sie sind immer noch rechtskräftig. Ist der Mut eines Bauern, wie z.B. Franz Jägerstätter, der den militärischen Einsatz gegen fremde Menschen verweigerte, weniger wert als der der Offiziere, die sich in ihrer hohen gesellschaftlichen Stellung gegen Hitler auflehnten?

Gerade Untersuchungen von abweichendem, nicht konformem Handeln gegen Unterdrückung könnten vielen Menschen Erkenntnisse bringen und Mut machen.

Die Chance, gerade das abweichende Verhalten aufzuzeigen, welches vielen Menschen das Leben gerettet hat und für viele Anstoß war, ähnlich zu handeln, wurde in diesem fünfzigstem Jahr seit Kriegsende kaum genutzt. Eines der wenigen Bücher zum Thema wurde von einem Franzosen geschrieben: „Ohne Waffen gegen Hitler". Jacques Semelin geht mit einer anderen Sichtweise an die schon bekannten Beispiele des Widerstandes gegen den Nationalsozialismus heran. Er analysiert die Beispiele, wie u.a. die beiden Generalstreiks in den Niederlanden in ihrer Verlaufsform. Er zeigt, daß es nicht nur Unterdrückte und militärischen Widerstand gab und hebt die Vielfältigkeit des zivilen Widerstandes hervor, der oft seinen Ausgang im couragierten Verhalten von Einzelnen gehabt hat. Semelin zieht die verschiedenen Interessen der Beteiligten hinzu und schreibt über die Rolle der öffentlichen Meinung. Entscheidend ist die öffentliche Meinung, die auf die Aktionen der Einzelnen reagiert und den Impuls positiv aufnimmt und verstärkt. Am oben genannten Beispiel des Polizeibeamten, der einen Gefangenen freiläßt, ist entscheidend, ob die Öffentlichkeit nur auf seinen Gesetzesübertritt reagiert oder auch die Tat im Verhältnis zu seiner Wirkung beurteilt. Dem befreiten Asylbewerber wurde bereits eine Woche nach der couragierten Haftentlassung bestätigt, daß sein Aufenthalt in der BRD rechtens ist. Auf einen Aufruf, für die Prozeßkosten des Polizeibeamten zu spenden, wurde so viel Geld gegeben, daß noch für weitere Fälle etwas übrigblieb – die Öffentlichkeit hat in diesem Fall reagiert.

Vom mutigen Verhalten, dem sogenannten „zivilen Widerstand" wird zu wenig gesprochen. Es steht in der Rangfolge der Werte offensichtlich niedrig.

Wenn von diesem zivilen Widerstand nicht so sehr die Rede ist, liegt es m. E. an dem Umstand, daß Werte wie Toleranz, Verantwortung, Kooperation nicht so hoch im Kurs stehen wie z.B. Treue. Treue ist hier im Sinne von Gesetzestreue gemeint, im Sinne von Unterordnung und Anpassung an bestehende Verhältnisse. Sehr eindringlich hat Hannah Arendt diesen Zustand von Treue im Nationalsozialismus als „Banalität des Bösen" (Arendt 1986) beschrieben. Sie beschreibt den Eichmann-Prozeß in Israel Anfang der 60er Jahre und versucht, das mangelnde Schuldbewußtsein des Angeklagten Adolf Eichmann, der als einer der zentralen Figuren im Vernichtungsprozeß des europäischen Judentums gilt, zu erklären. Eichmann war nicht der Inbegriff des Bösen, sondern ein „Schreibtischtäter", der dem nationalsozialistischen Staat Treue geschworen hatte. Er war sich keines Unrechts bewußt, weil er „nur" die Gesetze ausgeführt hatte. Auch im nachhinein war ihm nicht bewußt, daß das Unrecht im Nationalsozialismus Gesetz geworden war. Auf der Grundlage einer öffentlichen Tugend wie Treue war es möglich geworden, so zu handeln und Millionen Menschen in den Tod zu schicken. Dieser Fall macht deutlich, daß es bei der Forderung nach Zivilcourage um mehr gehen muß. Toleranz und ein Klima der Solidarität sind nötig, um Gewaltübergriffe auf schwächere Menschen zu verhindern. Neue wie auch alte Feindbilder sollten in der Öffentlichkeit immer wieder kritisch beleuchtet werden. Dies gelingt um so schwerer, je mehr das individuelle Gewinnstreben erste Priorität dieser Gesellschaft ist, je mehr jeder und jede nur sich

Ein „Klima der Toleranz" ist nötig, um Gewaltübergriffe zu verhindern. Dieses Klima wird durch individuelles Gewinnstreben zerstört.

selbst sieht. Unsere Konsumgesellschaft bereichert uns nicht gerade mit gegenseitiger Anteilnahme oder gar solidarischem Handeln.

Widersprüche

Noch immer stellen das Streben nach dem größten eigenen Nutzen (Utilitarismus) und nach Glück (Hedonismus) die höchsten Ziele unserer Gesellschaft dar. Ersteres ist ein Grundstein im ökonomischen Handeln: „Das oberste Prinzip ist die Nützlichkeit". Demnach ist es wirtschaftlich nur erfolgreich, wenn eine Tauschhandlung einen Nutzen bringt. Helfende Menschen, die z. B. Juden vor den Nazis retteten, haben (im utilitaristischem Sinne) keinen Nutzen von ihren Taten. Bliebe noch das andere Ziel: das Streben nach Glück. Dieses zweite Ziel ist genauso wie das „Prinzip des größten Nutzens" ein individuelles Ziel, so daß viele Menschen das gemeinsame Glück nicht mehr sehen oder sich sogar Glück auf Kosten anderer erkämpfen. Insofern bleibt es rätselhaft, was Menschen dazu bringt, entgegen den allgemeinen Prinzipien zu handeln und zu helfen oder couragiert für Menschenrechte einzutreten. Doch ist es nicht noch rätselhafter, daß die rein individuellen Prinzipien des Strebens nach eigenem Glück und Nutzen im Vordergrund stehen?

Einige Prinzipien in unserer Gesellschaft widersprechen der Zivilcourage.

Dieser Widerspruch, der zwischen individuellen und kollektiven Zielen entsteht, läßt sich am Beispiel des Autoverkehrs schildern: Die meisten Menschen in der BRD streben nach individuellem Glück und fühlen sich durch den Besitz eines Autos frei. Sie können fahren, wohin sie wollen, und sie können frei entscheiden, wann es losgehen soll. Sie haben einen Nutzen von ihrer Arbeit und im Tausch dafür ein Auto erhalten. Inzwischen gibt es in der BRD 40 Millionen zugelassene PKW. Bildhaft ausgedrückt bedeutet diese Zahl vom 1.März 1995, daß die gesamte Bevölkerung der BRD auf den beiden Vordersitzen aller PKW Platz hätte. Alte Menschen, ebenso wie das kleinste Kleinkind, könnten sich an diesem Ort aufhalten und fahren, wohin auch immer. Die Rechnung geht allerdings nicht auf. Durch die 40 Millionen PKW und die weiteren LKW, die noch gar nicht mitgezählt wurden, entsteht quasi ein permanenter Stau. Statt vorwärts zu fahren, stehen die meisten Autos Stoßstange an Stoßstange, und es bewegt sich gar nichts mehr, außer Tausender von Motoren, die die Umwelt verpesten. Gerade Verkehr ist eine Sache, die kollektiv gelöst werden muß. Es muß Absprachen geben, wann sich wieviele Menschen von A nach B bewegen. Dies wurde in der Verkehrsplanung bisher, im Sinne des vorausschauenden Handelns, nicht bedacht. Helmut Schmidt war es, der 1965 als Verkehrsexperte und späterer Bundeskanzler die individuelle Freiheit propagierte: „Jeder Deutsche soll den Anspruch haben, sich einen eigenen Wagen zu kaufen. Deshalb wollen wir ihm die Straßen dafür bauen." Inzwischen können sich ganz viele Menschen diesen Traum von einem eigenen Auto leisten. Nur kann nicht jeder eine eigene Straße bekommen, um auch damit zu fahren. Die individuelle Freiheit, überall hinfahren zu können, hat uns die kollektive Unfreiheit gebracht: den Stau. Und als Zugabe wird die Vergiftung unserer Umwelt auch noch mitgeliefert.

Die Überbetonung von individuellen Prinzipien führt zum Widerspruch bei Gütern und Werten, die nicht teilbar sind. Luft zum Atmen ist nicht teilbar und muß für alle Menschen zur Verfügung stehen.

Wenn Atemluft aufgrund des Individualverkehrs knapper wird, bereichern sich einige auf Kosten von anderen und entziehen sich selbst die Lebensgrundlagen.

Individuelle Freiheit im eigenen Auto führt zum kollektiven Stau, wenn es keine Absprachen gibt, den Verkehr gemeinsam zu gestalten.

Widersprüche menschlichen Handelns sind auf den ersten Blick nicht leicht durchschaubar. Allgemein werden diese eng zusammenhängenden Fragen gerne getrennt. Es wird nicht gesehen, daß individuelle Freiheit auch zum kollektiven Stau führen kann. Ebenso wird nicht gesehen, daß durch hohen individuellen Verbrauch die Ressourcen von allen Menschen vernichtet werden. Aufgrund des Glaubens an die technische Lösbarkeit dieser Probleme wird der eigentliche Widerspruch nicht gesehen. Über diese Hoffnung werden nur Teilprobleme gelöst, so daß diese Lösungen nur scheinbar zur Gesamtlösung beitragen. Das Ergebnis ist eine immer neue, trügerische Hoffnung.

Widersprüche im eigenen Verhalten hindern uns, in Konfliktverläufe einzugreifen.

Um in Konflikte einzugreifen, brauchen wir Durchblick und positiven Mut, eine „innere Stärke".

Für die Fragen, was uns daran hindert, in Gewaltsituationen einzuschreiten und mit Zivilcourage für Menschenrechte einzutreten, ist das Erkennen von Widersprüchen eine grundlegende Voraussetzung. Die Antwort: „Ich habe Angst und bin um meine eigene Sicherheit bedacht. Ich werde lieber nicht aktiv", ist eine Antwort, die nicht auf den Widerspruch eingeht, daß passives Verhalten keine höhere Sicherheit bedeutet, sondern die Sicherheit aller Personen weiter gefährdet. Gerade die Androhung von Gewalt ruft das widersprüchliche Nichtreagieren hervor, was den Konfliktverlauf ungewiß enden läßt. Mehr Wissen über Konfliktverhalten und Konfliktverläufe bedeutet Widersprüche erkennen und Verhalten trainieren. Es ist die wahrscheinlichere Möglichkeit, den nötigen Mut aufzubringen, um im Alltag oder auch im Extremfall reagieren zu können. Sich und die eigene Reaktionsweisen kennenlernen und das Geschehen nicht anderen überlassen, ist die Devise für das Einüben von Zivilcourage.

Zivilcourage und Mut

Bei Zivilcourage geht es nicht um militärischen Mut. Das kann jedoch leicht verwechselt werden. Die deutsche Sprache unterscheidet zwischen Mut und Zivilcourage. Mut gibt es im Sinne von Tapferkeit. Tapferkeit wird auf dem Kasernenhof erlernt, nachdem vorher die eigene Meinung am Kasernentor abgegeben wurde. Mit militärischem Drill wird Tapferkeit durch Bestrafung von sogenanntem „schlappen oder feigen Verhalten" trainiert. Freud wies in seiner Tiefenpsychologie nach, daß Drill das Urteilsvermögen schwächt und die „gedrillten" Männer empfänglicher werden für Befehle, deren Intention nicht von ihnen befürwortet wird. Gerade Angst wird als Zwangsmittel eingesetzt, um Befehl und Gehorsam zu erzielen und den Willen von Menschen zu brechen. Es wird ein Verhalten antrainiert, das sich als Todesmut herausstellt. Dies ist negativer Mut. Gerade Männer sind empfänglich dafür, sich aus Schwäche oder aus Angst mutig zu zeigen. Ihre körperlichen Eigenschaften verleiten sie zu der Phantasie, daß mit der Kraft alle Ziele erreichbar sind. An Idolen wie dem Westernhelden John Wayne oder Spielfiguren wie „He-Man" zeigt sich, daß sie zwar vor Kraft strotzen, jedoch kaum auf ihren zwei Beinen stehen können. Wenn John Wayne vom Pferd absteigt, kann er vor lauter „Kraftprotzerei" kaum gehen. So wie diese

Beim negativen Mut werden eigene Schwächen durch körperliche Stärke überspielt.

„Helden" lassen sich Jungen und Männer dazu verleiten, ihre Schwächen und ihre Angst zu überspielen. Sie setzen ihre körperliche Kraft ein, obwohl sie innerlich sehr schwach sind. Dies ist negativer Mut. Mit Zivilcourage, dem positiven Mut, über den eigenen Schatten zu springen, hat dies wenig zu tun.

Der negative Mut wird seit Jahrhunderten durch die militärische Geschichte bestimmt.

Positiver und negativer Mut sind sprachlich nicht so leicht voneinander zu unterscheiden, da Mut bis in unser Jahrhundert hinein immer mit militärischer Geschichte verbunden wurde. Schon die militärische Tradition in Österreich kennt den Begriff Courage. Die Kaiserin Maria Theresia vergab einen Courage-Orden an Offiziere, die militärischen Zielen durch Widerspruch gegen Befehle zum Erfolg verhalfen. Die Verweigerung des militärischen Gehorsams wurde belohnt. Damit wurde auch der Mut zur eigenen Urteilskraft positiv gesehen, obwohl Soldaten sich in erster Linie unterordnen sollten. Es fehlte hingegen die Berufung auf das eigene Gewissen und auf Werte, die sich an eine höhere Instanz richteten. Der Ungehorsam war nur legitimiert, wenn der militärische Erfolg eintrat. Scheiterte das gegen den Befehl gerichtete Verhalten, dann wurde es als Befehlsverweigerung bestraft. Bismarck war einer der ersten, der Zivilcourage als Begriff für positiven Mut in den Mund nahm. Er beschrieb oppositionelles Verhalten mit Zivilcourage. Doch als die Opposition u.a. durch die Sozialdemokraten im kaiserlichen Deutschland größer wurde, hatte er nicht mehr viel für das aus dem Französischen übernommene Wort übrig.

In der Entwicklung der Zivilgesellschaft bildete sich der positive Mut, im Sinne „andere Menschen wie sich selbst zu achten" und danach zu handeln, heraus.

Der Philosoph Immanuel Kant stellte 100 Jahre vor Bismarck den Kategorischen Imperativ auf: „Handle so, daß Du die Menschheit, sowohl in Deiner Person, als in der Person eines jeden anderen, jederzeit zugleich als Zweck, niemals nur als Mittel brauchest." (Kant 1785, S. 246) Der kategorische Imperativ beschreibt die verinnerlichte, selbsterkannte und an einer allgemeinen Gesetzgebung orientierte Haltung als Maxime für alle Handlungen. Einfach ausgedrückt: Es gibt eine Pflicht, menschlich zu handeln. Und diese Pflicht kommt aus der Achtung vor sich selbst als Menschen. Wenn Kinder anfangen, kleine Tiere zu verstümmeln, indem sie einer Spinne die Beine einzeln ausreißen, wird ihrem Handeln entgegengehalten: „Du möchtest doch auch nicht, daß jemand Dich verletzt. Also achte auch das Leben dieser Spinne". D.h., daß Gewalt, die von uns ausgeht, oder Gewalt, die von uns geduldet wird, die wir nicht unterbinden, sich gegen uns selbst richtet. Andere Menschen zu achten und sie als Menschen anzuerkennen, ist die Sicherheit, auch von ihnen geachtet zu werden. Wenn wir diese Achtung nicht aufbringen, verlieren wir auch die Achtung vor uns selbst. Da wir mit uns selbst eindeutig die meiste Zeit im Leben verbringen, erscheint es auch aus ganz individuellen Erwägungen heraus sinnvoll, den Mut für couragierte Handlungen aufzubringen.

Zur Zivilcourage gehört auch Gesetze und Normen zu hinterfragen und zu übertreten, wenn sie der Unterdrückung von Menschen dienen.

Bleibt die wichtige Frage nach dieser bereits oft genannten höheren Instanz oder im Sinne Kants die Frage nach der allgemeinen Gesetzgebung bzw. dem Handeln nach Vernunft. Zumal mit einer couragierten Handlung Ungehorsam oder gar ein Gesetzesübertritt verbunden sein kann. Erinnert sei noch mal an den Polizeibeamten, der einen Orden verdient hätte, jedoch eine Geldstrafe erntete. Er hat eindeutig nach einer höheren Instanz gehandelt, auch wenn es als Legitimation nicht anerkannt wurde. Martin Buber hat diesen Ungehorsam als rechtmäßig erklärt, wenn er „in Wahrheit Gehorsam ist (...) Gehorsam der höchsten Instanz gegenüber". Buber stellte sich 1963 die Frage nach der Rechtmäßigkeit couragierten Verhaltens im Sinne des zivilen Ungehorsams in Gedenken an Henry David Thoreau, der über die Pflicht zum Ungehorsam geschrieben hatte. Buber beschreibt noch genauer als Kant, daß die sogenannte höhere Instanz, nach der wir uns zu richten haben, nur eine Instanz sein kann, die immer wieder Fragen und Antworten standzuhalten hat. Das entspricht seinem „dialogischem Prinzip", das davon ausgeht, daß die Widersprüche im menschlichen Verhalten nie gänzlich überwunden werden, sondern im Dialog gehalten werden müssen. Zum begrenzten Gesetzesübertritt, der einer höheren Instanz verpflichtet ist und der dem Akt der Zivilcourage gleichkommt, sagt er: „Nicht, wo zu allen Zeiten in allen Räumen legitimerweise mein gehorchender Ungehorsam beginnt, habe ich zu sagen, sondern wo er jetzt und hier beginnt" (Buber 1963). Damit wird deutlich, daß es nicht um innere Zwanghaftigkeit nach einmal festgelegten Normen geht, sondern daß diese Normen immer wieder in Frage und Antwort geklärt werden müssen. Buber stellt diesen Ungehorsam in einen historischen Kontext. Wenn wir Widersprüche im menschlichen Verhalten sehen und in der Folge Menschen bedroht oder sogar vernichtet werden, ist Zivilcourage gefordert.

Zivilcourage orientiert sich an höhere, allgemeingültige Normen, die nicht entgültig feststehen.

Daß gegen Gewalt, Rassismus und menschenverachtendes Verhalten etwas getan werden kann, zeigen die genannten Beispiele, die historische Herleitung und der Zusammenhang, in dem Zivilcourage steht. Es ist offensichtlich, daß diese öffentliche Tugend sehr viel bewirken kann. Das entscheidende Phänomen dieses Jahrhunderts ist das Phänomen der Masse. Zivilcourage zeigt, daß sich innerhalb einer Massengesellschaft etwas bewegt, wenn Toleranz und Kooperation öffentlich gezeigt werden und wenn viele Einzelne bereit sind, im Dialog Meinungen auszutragen, Verantwortung nicht nur für sich selbst zu übernehmen, sondern auch für Schwächere. Und es lohnt sich, noch mehr über diese Kraft zu erfahren, die Menschen dazu bringt einzugreifen. Die genannten Analysen machen deutlich, daß sehr viel in der Entwicklung eines Menschen von anderen Menschen abhängt. Seine Sozialisation und das gesellschaftliche Umfeld lassen entweder mehr die „Banalität des Bösen" herrschen oder wenden sich einer, sehr verkürzt ausgedrückten „Banalität des Guten" zu. Für den jeweiligen Menschen bedarf es von daher immer wieder der Fragen und der Suche nach Antworten. Mit der vorgelegten Methodensammlung wollen wir vor allem Fragen stellen und keine fertigen Antworten liefern.

Auch innerhalb einer großen Gesellschaft, einer trägen Masse, kann der Mut von Einigen die nötige Kraft für Toleranz und Kooperation entfalten.

Um in Jugendgruppen, in der Schule, in der Universität, am Arbeitsplatz oder in der Familie bzw. Wohngruppe und Nachbarschaft zu den Themen Unterdrückung, Gewalt und menschenverachtendes Verhalten Handlungsmöglichkeiten zu entwickeln, haben wir die nachfolgende methodisch-didaktischen Bausteine zusammengestellt. Die verschiedenen Arbeitsvorschläge beziehen mehrere Ebenen des Lernens ein: die Analyse der Ursachen von Gewalt und menschenfeindlichem Verhalten, zum anderen die jeweilige Person der Lernenden und ihrem emotionalen Bezug zum Thema.

Das Lernen, den Mut aufzubringen, erfolgt auf zwei Ebenen.

Im ersten Kapitel des Übungsteils „Kreatives Handeln" beschreiben wir, daß Gewalt nicht nur Draufhauen bedeutet, sondern auch vorherrscht, „wenn ich in einer Schulklasse bin, in der mich niemand abkann", wie es eine Teilnehmerin auf einem Seminar der AGfJ zur Deeskalation formulierte. Psychische und strukturelle Gewalt entfalten in diesem Beispiel die Kräfte und zwingen die Person zu einem bestimmten Verhalten, das sie in ihren Entfaltungsmöglichkeiten einschränkt. Konkret: Tagtäglich in einer Klasse zu sein, in der mich alle abfällig betrachten, macht mich unsicher und macht mir Angst.

Zivilcourage erfordert kreatives Handeln.

Die nächsten beiden Kapitel verbinden den analytischen Charakter mit dem emotionalen Bezug. Die eigene Angst und die Frage, wie ich mich als Opfer in Gewaltsituationen verhalte, werden dort bearbeitet. Diese Kapitel enthalten bereits Trainingselemente, die das eigene Verhalten wahrnehmen und gegebenenfalls ändern helfen. Durch das Nachstellen und Bearbeiten von Bedrohungssituationen wird deutlich, daß es für Gewalt immer Entstehungsprozesse gibt. Wenn wir diese Prozesse deutlicher sehen, erhöht sich unsere Chance, als Opfer oder Zuschauende einzugreifen. In unseren Trainings bearbeiten wir Angst im doppelten Sinne: einmal als notwendige Signale zur Gefahrenabwehr, aber auch als Chance, auf Situationen zuzugehen. Angst sollte sich nicht zum inneren Feind entwickeln, sondern zu einem Freund, denn „wo die Angst der Feind ist, ist auch immer ein anderer der Feind." (Bauriedl, Wölpert, 1984) Das freundschaftliche Verhältnis zur Angst fördert die Fähigkeit, Konflikte besser zu bestehen. .

Bausteine zur Konfliktbearbeitung und Ideen, sich anders zu verhalten.

Feindbilder, Wut und Aggressionen sind weitere Bausteine, die zur Auseinandersetzung einladen sollen. Feindbilder hemmen die Konfliktbearbeitung oder dienen der Legitimation von Gewalt. Wut und Aggression können uns blind machen und zu Fehlreaktionen verleiten. Zu aggressivem Verhalten wird meist die Frage gestellt, ob der Mensch grundsätzlich böse sei und in ihm eine aggressive Bestie schlummert. Machen die Gene die Menschen zu Mördern? Ist uns das Böse und die Fremdenfeindlichkeit angeboren? Alle diese Fragen entbinden uns von der Verantwortung, unser Verhalten zu korrigieren, oder verleiten uns dazu, von anderen eine Verhaltensänderung einzufordern. Wut und Aggressionen sollen lokalisiert und differenziert betrachtet werden. Es geht in den Übungen darum, die positiven und negativen Elemente von Wut und Aggression zu erkennen und einen konstruktiven Umgang mit ihnen zu erlernen.

Ein voreingenommenes Urteil erscheint in einem anderen Licht und beleuchtet die Chancen für Zivilcourage.

Der letzte große Bereich in der methodisch-didaktischen Sammlung bezieht sich auf Widerspruch, Urteilsvermögen, Werte und die Frage nach Empathie, dem Sichhineindenken in andere Menschen.

Zum Thema Widersprüche werden Beispiele erläutert. Probleme auf diesem Weg zu analysieren, erfordert viel Übung und bedarf der Reflexion. Im Baustein zum Thema Empathie wird es möglich, den Zugang zu Widersprüchen zu finden. Durch die verschiedenen Rollen, die eingenommen werden sollen, bekommen wir einen neuen Blick auf unser eigenes widersprüchliches Verhalten. Ein voreingenommenes Urteil erscheint in einem anderen Licht.

Der letzte Baustein im Übungsteil zum „Kreativen Handeln"bezieht sich auf das Thema Werte. Haben wir mehr individualistische Werte oder haben wir Werte wie Toleranz und Kooperation? Welche Werte stehen im Widerspruch und welche ergänzen sich? In dem Sinne, daß Zivilcourage eine Tugend mit öffentlicher Wirkung ist, halte ich es für notwendig, Werte und ihre Veränderung zu diskutieren und die Chance zu nutzen, sich mit Deeskalation und Zivilcourage für ein menschenfreundliches Verhalten einzusetzen.

Dieter Lünse

Literaturhinweise

Jochheim, Gernot: „Frauenprotest in der Rosenstraße", Berlin 1987
Eindrucksvoll wird in diesem Buch die Situation der Juden in der Metropole Berlin unter dem Faschismus geschildert. Ihre Lebensmöglichkeiten für die Menschen wurden mehr und mehr beschnitten. Viele Menschen wurden unter Zwang aus Berlin abtransportiert, doch niemand konnte sich die Orte vorstellen, an die sie gebracht und getötet wurden. In dieser Situation entwickelten sich die bislang wenig beleuchteten Proteste gegen die Willkürmaßnahmen der Nazis, die zum Erfolg führten.

Semelin, Jacques: „Ohne Waffen gegen Hitler", Frankfurt 1995, 38,– DM
Jaques Semelin hat viele Beispiele für zivilen Widerstand unter dem Faschismus in ganz Europa untersucht. Es wird durch den Vergleich von vielen Ländern deutlich, welche Rolle die öffentliche Meinung, der soziale Zusammenhalt und die Interessen der Nazis spielten. Durch diese Zusammenstellung wird deutlich, daß Zivilcourage unter ganz verschiedenen Bedingungen Wirkung entfalten kann.

Thesen zur Zivilcourage

Kurzbeschreibung:

Das Handout enthält Thesen, die diskutiert werden sollen. Die Thesen sollten auf der Grundlage des Textes mündlich erläutert werden. Wenn mit einer großen Gruppe daran gearbeitet werden soll, bietet es sich an, Kleingruppen zu bilden.

Ablauf:

Das Handout verteilen und auf der Grundlage des vorangegangenen Textes erläutern. Für die Bearbeitung empfiehlt es sich, Kleingruppen von drei bis vier Personen zu bilden. Jede Kleingruppe sollte sich auf zwei Thesen ihrer Wahl konzentrieren. Nach ca. 30 Minuten sollten die Gruppen wieder zusammenkommen, um über ihre Ergebnisse und den Diskussionsverlauf zu berichten.

Die Thesen:

- Zivilcourage hat nichts mit Mannhaftigkeit oder Heldentum zu tun. Es geht um die Stärkung von Schwächeren.
- Zivilcourage ist individuelles Verhalten von Menschen, die bereit sind, enge Bindungen einzugehen und sich in andere Menschen einzufühlen.
- Zivilcourage verlangt unabhängige Menschen, die frei genug sind, Gruppenmeinungen zu widerstehen, die sich aber auch genug für andere interessieren und einsetzen.
- Zivilcourage bezieht auch das Übertreten bestehender Normen mit ein, wenn dies menschlichen Zielen dient.
- Zivilcourage verlangt den Sprung ins Ungewisse mit der Gewißheit, sich für den Menschen einzusetzen.
- Zivilcourage erfordert Urteilsvermögen und Standfestigkeit.

Kapitel B

Rahmen-bedingungen

■ **Kapitel B 1**

„Mach' Dir einen Rahmen!" Tips zur Seminargestaltung

Der vorliegende Methodenteil richtet sich an die schulische und die außerschulische Jugendbildung. Bei unserer Konzeption gehen wir davon aus, daß sich die Gruppe einmal wöchentlich zu einem Gruppenabend oder zu einem gemeinsamen Wochenende trifft. Die einzelnen Kapitel des Methodenteils können getrennt oder aufeinander aufbauend bearbeitet werden.

In der Schule eignen sich die Methoden für Projekttage, längere Unterrichtseinheiten oder Klassentagungen. Viele Themen und Elemente können unter Berücksichtigung der Zeitvorgaben in den regulären Unterricht aufgenommen werden. Lehrerinnen, die mit Hilfe des Buches längere Arbeitseinheiten planen, empfehlen wir, mit einem Pädagogen aus dem außerschulischen Bereich zusammenzuarbeiten. Er kann sich der Gruppe unvoreingenommen zuwenden und der Gruppendynamik der Klasse wichtige Impulse geben.

Aber nun zu den Rahmenbedingungen eines Seminars: Die exakte Vorbereitung, das Kennenlernen, die Vereinbarungen mit der Gruppe und die Schlußauswertung bilden den Rahmen des Seminars und sind Voraussetzung für sein Gelingen. Das Seminar verläuft nur dann erfolgreich, wenn die Inhalte und Übungen der Methodensammlung mit den Rahmenbedingungen kombiniert werden.

Dauer eines Seminars

Von den Zielen, die erreicht werden sollen, hängt die Dauer des Seminares ab. Bei unseren Zeitvorgaben und Methodenabläufen gehen wir von Jugendgruppen oder Klassen aus, die sich entweder einmal wöchentlich zu einem Gruppenabend oder in einer Unterrichtsstunde zu diesem Thema treffen oder ein gemeinsames Wochenende miteinander verbringen. Ob eine Abendveranstaltung von 2-3 Stunden, ein Projekttag oder ein Wochenende angeboten wird, hat auf die Vorbereitung, die Durchführung und die thematische Tiefe des Seminars einen großen Einfluß.

Wir stellen an dieser Stelle einen exemplarischen Tagesablauf zum Gewaltbegriff vor, damit Ihr Euch daran orientieren könnt. Einen solchen Vorschlag für einen methodischen Ablauf findet Ihr jeweils vor den Übungen zu den einzelnen Kapiteln.

Vorschlag für einen methodischen Ablauf:

Einführung ins Thema:

- Zwei Gegenstände aus Eurem Gepäck alternativ
- Marktplatz
- Mit der Waffe in der Hand (Handout Gewaltbegriff 1)

Der Gewaltbegriff:

- Bilderdiskussion alternativ
- Gewaltthermometer

Die Wahrnehmung von Gewalt und meiner Rolle:

- Fragen zur eigenen Erfahrung mit Gewalt
- Statuentheater
- Gewaltdreieck (Handout Gewaltbegriff 2)

Bei kurzen Veranstaltungen sollte darauf geachtet werden, daß sich weder das Team noch die Gruppe mit zu hohen Erwartungen überfordert. Ein Schnupperabend von 2-3 Stunden kann nicht mehr als einige Grundüberlegungen und eine Übung zum Thema leisten. Uns erscheinen ein Wochenendseminar oder mehrere aufeinander aufbauende Wochenendseminare am sinnvollsten, um sich dem komplexen Thema zu nähern.

Vorbereitung des Seminars

Das vorliegende Buch dient zur inhaltlichen Vorbereitung des Themas. Die Methoden sollten passend zum Thema, der Zielgruppe und der vorhandenen Zeit ausgewählt werden.

Zunächst sollten Gespräche zwischen den Veranstaltern, den Teamerinnen und der Gruppe geführt werden, in denen die gegenseitigen Erwartungen und die Teilnehmerinnenstruktur zu erfragen sind. Auch die Kompetenz und Qualifikation in bezug auf das Leitthema, das Anliegen der Gruppe und ihre hierarchische Struktur (z.B. Anwesenheit von hauptamtlichen Bildungsreferentinnen oder Lehrerinnen) sind abzuklären.

Die Räumlichkeiten am Tagungsort sowie alle gebrauchten Materialien sind sorgfältig vorzubereiten. Gibt es genug Räume für Arbeitsgruppen? Ist der Gruppenraum groß genug für Übungen? Ist der Tagungsort gut zu erreichen? Ist der Weg dorthin ausreichend ausgeschildert? Wir raten Schulklassen, Räume außerhalb der Schule aufzusuchen, um zu verdeutlichen, daß die Klasse eine andere Form des Lernens erwartet.

Absprache im Team

Bei Gruppen über 8 Personen sollte das Seminar zu zweit durchgeführt werden. Die Teamer werden dadurch entlastet und können sich gegenseitig bei Beratungen in schwierigen Situationen unterstützen. Zudem hat es den Vorteil, zeitweise in getrennten Kleingruppen arbeiten zu können. Die Faustregel, pro 8 Teilnehmer einen Teamer einzusetzen, sollte auf jeden Fall berücksichtigt werden.

Wir gehen bei unseren Übungen von 8 bis 20 Teilnehmenden aus, wobei 16 die optimale Anzahl darstellt. Wird die Gruppe größer als 20 Teilnehmer, verändern sich die angegebenen Zeiten der Übungen. Außerdem wird die Gruppe anonymer und somit schwieriger zu leiten.

Das Team sollte klar abgesprochen haben, wer welchen Teil moderiert und wer welche Stärken und Schwächen hat. Eine gemischtgeschlechtliche Gruppe bedarf auch eines gemischt-geschlechtlichen Teams. Weshalb uns das wichtig ist, werden wir im Kapitel „Gut auf der Rolle" erläutern.

Anfangssituation

Die Anfangsphase eines Seminar umfaßt das Ankommen der Teilnehmerinnen, die Vereinbarungen mit der Gruppe, das Kennenlernen und die Erwartungsabfragung. Ziel der Anfangsphase ist, Ruhe zu finden sowie Streß und Ängste bei allen zu reduzieren. Die Teamer sollten den Teilnehmenden eine Orientierung über Ort, Ablauf und Inhalt geben, Vereinbarungen mit ihnen treffen und sie anleiten, persönliche Verantwortung für das eigene Lernen zu übernehmen.

Organisatorisches wie Zimmervergabe, Essens- und Seminarzeiten sind abzuklären. Ebenso wichtig ist es, den Teilnehmenden ein inneres Ankommen zu ermöglichen. Je nach Größe der Gruppe und danach, wie gut die Teilnehmer sich kennen, sollten Namens- und Kennenlernspiele in die Anfangsphase eingeplant werden. Eine ausgiebige Namensrunde, um sich persönlich mit dem Vornamen ansprechen zu können, Ruhepausen und Kleingruppenarbeit erleichtern den Kontakt zwischen den Teilnehmenden. So lange viele sich fremd bleiben, haben auch immer nur wenige den Mut, etwas zum Seminar beizutragen.

Im nächsten Schritt sollten Erwartungen und Ziele der Gruppe abgefragt werden (siehe Erwartungsfindung). Dabei sollten Fragen, Ängste und Befürchtungen vorrangig behandelt werden, da sie sonst später im Seminar wieder auftauchen können. Der Anfang eines Seminars umfaßt etwa ein Viertel der Seminarzeit; damit ist dem weiteren Seminarverlauf eine solide Basis gegeben.

Vereinbarung mit der Gruppe

Zu Beginn eines Seminars sollte sich die Gruppe auf einige Verhaltensweisen für den Umgang miteinander einigen. Die Verhaltensweisen werden im Plenum erarbeitet und auf einer großen Wandzeitung festgehalten. Die Sammlung von Vorschlägen zu einem Umgangsvertrag sollte von einem Teamer moderiert werden, während der andere Teamer die wichtigsten Umgangsregeln notiert. Die unten vorgeschlagenen Umgangsweisen können als Einstieg dienen. Unsere Erfahrung hat gezeigt, daß beim gemeinsamen Erarbeiten eines Umgangsvertrags nicht an Zeit gespart werden sollte. Alle Teilnehmenden sollen sich mit der Vereinbarung einverstanden erklären. Nur wer mit einer Vereinbarung wirklich einverstanden ist, wird sich an sie halten.

Vereinbarung über den Umgang:

- Vertraulichkeit: Jedes persönliche Wort bleibt in der Kleingruppe oder im Seminar.
- Freiwilligkeit: Das gesamte Seminar ist freiwillig. Wann immer die Kraft oder die Bereitschaft fehlt, kann eine Übung oder Einheit ausgelassen werden.
- Störungen haben Vorrang: Wann immer eine Störung auftritt, soll sie geklärt werden. Lösungen für Probleme sollen einvernehmlich getroffen oder vertagt werden.

Erwartungsfindung

Die Phase der Erwartungsfindung soll den Teilnehmenden Raum bieten, Programm und Inhalte aktiv mitzugestalten. In Kleingruppen oder einzeln können die Teilnehmenden auf je 3 Metaplankarten Befürchtungen und Erwartungen aufschreiben, die sie in bezug auf das Seminar haben. Genügend Zeit und Ruhe für diese Phase gewährleistet eine gründliche Seminargestaltung. Im Plenum sollten die Karten von den Teamerinnen eingesammelt und mit der Gruppe gemeinsam nach Themenbereichen sortiert werden. Auch die Teamer sollen ihre Erwartungen der Gruppe mitteilen und diese Erwartungen dem gegebenen Zeitrahmen anpassen, um Frustrationen vorzubeugen.

Freiwilligkeit und Eigenverantwortung

Das Seminar sollte grundsätzlich auf der Basis von Freiwilligkeit mit den Teilnehmerinnen durchgeführt werden. Dieser wichtige Grundsatz ist die Voraussetzung für die Arbeit und sollte vor bestimmten Übungen immer wieder angesprochen werden. Um eine möglichst große Offenheit und Arbeitsfähigkeit in der Gruppe zu gewährleisten, sind Hindernisse, die der Freiwilligkeit des Einzelnen im Wege stehen (wie z.B. Vorgesetzte oder Lehrerinnen im Seminar), mit Vorsicht, aber dennoch offen anzusprechen und zu klären. Es liegt in der Eigenverantwortung eines jeden Teilnehmers, eigene Grenzen zu beachten und eigene aufkommende Ängste wahrzunehmen. Es ist besser, sich eine kurze Zeit aus dem Gruppengeschehen herauszunehmen, als sich selber und vielleicht auch die anderen in schwierige Situationen zu bringen.

Zeitabsprachen

Zu knapp eingeteilte Zeit ist in den meisten Seminaren ein Problem und kann zu Frust und Enttäuschung bei den Teilnehmern und auch bei den Teamern führen. Grund hierfür ist meist die inhaltliche Überfrachtung der Seminare. Deshalb schlagen wir vor, Prioritäten beim Inhalt zu setzen und nicht die „zu knappe" Zeit darüber entscheiden zu lassen, welcher Inhalt wichtig ist und welcher nicht.

Unsere vorgegebenen Zeitangaben zu den Übungen und die Beachtung folgender Regeln können helfen, dieses Problem zu vermeiden:

- Gruppenprozesse sollten nicht durch einen vorgegebenen Zeitplan unterbrochen werden.
- Zeiten für Arbeitsgruppen sollten flexibel gehandhabt werden.
- Zeitabsprachen sollten gemeinsam besprochen und nicht vom Team vorgegeben werden.
- Pausen sollten gemeinsame Aufgabe der Gruppe sein - sie einzurichten und sie einzuhalten.

Um die Verantwortung für die Absprache und die Einhaltung der Inhalte des Seminars auf alle zu übertragen, kann für jeden Abschnitt des Seminars eine Teilnehmerin die Moderatorenrolle übernehmen. Dann ist es leichter, Absprachen und die Einhaltung der Inhalte zu überprüfen.

Einsatz der Übungen und Methoden

Die Übungen und Spiele im Seminar sollten sich von der Dynamik und vom Inhalt her steigern. Es ist sinnvoll, zuerst mit Übungen anzufangen, in denen ich mich selbst wahrnehme, ohne mit anderen Teilnehmerinnen in Kontakt zu treten. Danach kann dazu übergegangen werden, Spiele bzw. Übungen zu zweit zu machen, um dann Spiele in der ganzen Gruppe anzubieten.

Sind die Teilnehmer nicht sehr miteinander vertraut, empfehlen wir, „nahe" Spiele, die vielleicht Widerstände bei den Teilnehmerinnen hervorrufen könnten, nicht am Anfang eines Seminars einzuplanen. Nähe muß sich langsam und behutsam entwickeln; sie sollte niemals erzwungen werden. Dieser Hinweis gilt besonders für Körper-, Entspannungs- und Vertrauensübungen. Bei diesen Übungen sollte stets auf Freiwilligkeit und Eigenverantwortung hingewiesen werden. Nur so kann Vertrauen und Nähe in der Gruppe aufgebaut werden.

Auswertung und Zwischenbilanz

Eine kritische Bewertung des Seminars sollte nicht erst am Ende, sondern schon während desi Seminares Platz haben. Zwischenauswertungen ermöglichen es, Anregungen der Teilnehmenden bereits während des Seminars zu berücksichtigen und führen so zu einer Optimierung des weiteren Verlaufs.

Die Auswertung einer Methodik oder einer Übung sollte möglichst direkt an die Übung anschließen (siehe auch Methodenteil). Lediglich eine kurze Pause zum Nachdenken und Spüren kann bei intensiven Erfahrungen ratsam sein. Die Tagesauswertung und die Zwischenauswertungen haben auch eine entlastende Funktion für die Teilnehmer und unterstützen die Teamer in der Entscheidungsfindung für das weitere Vorgehen.

Ziele der Auswertung sind: die eigenen Emotionen herausfinden und diese formulieren; Verbesserungen erreichen; das Stimmungsbild erhalten. Am Ende des Seminars sollten die Teilnehmenden ihren eigenen Lernerfolg überprüfen, die Teamerinnen, die Methodik und die äußeren Bedingungen bewerten und sich äußern können, wie sie sich in der Gruppe gefühlt haben.

Es soll positiv ausgewertet werden, wobei die positiven, neuen Aspekte festgehalten werden. Die negative Kritik sollte nach Möglichkeit mit einem Vorschlag für eine Änderung versehen werden.

Um das Stimmungsbild bzw. die Probleme und Störungen im Seminarverlauf schnell zu erkennen, eignen sich zwei Methoden sehr gut:

Am **Blitzlicht,** bei dem jede Teilnehmende in der Runde ihre momentane Stimmungslage relativ kurz und knapp äußert, beteiligen sich auch die Teamer, die am Ende der Runde das Stimmungsbild kurz zusammenfassen. Es sollte darauf geachtet werden, daß sich das Blitzlicht nur auf die Gefühle richtet und nicht zu einer inhaltlichen und sachlichen Auswertung wird. Kommentare zu den Äußerungen der Einzelnen sind nicht erlaubt.

Die **Is-was-Runde** ist eine ähnliche Übung wie das Blitzlicht. Sie eignet sich am Morgen, um jedem in der Runde die Möglichkeit zu geben, alles und jedes zum vorherigen Tag oder Abend anzusprechen. Nach der Runde sollten die Dinge angesprochen werden, die in der Gruppe geklärt werden müssen.

Schlußsituation

Die Schlußsituation umfaßt die thematische Abrundung, den persönlichen Abschied und die Auswertung des Seminars. Wichtig ist, von Beginn an genügend Zeit für die Schlußphase miteinzuplanen.

Die Teamer sollten nicht vergessen abzuklären, welche organisatorischen Dinge noch erledigt werden müssen (z.B. Packen, Aufräumen, Abrechnung, wer wann weg muß, etc.). Ebenso sollten Nachfolge-Aktivitäten der Gruppe – also: Wie geht es weiter? Wann treffen wir uns das nächste Mal? – eingeplant, sowie der persönliche Abschied in Ruhe gestaltet werden. Die Teamerinnen sollten sich für die Auswertung im Anschluß des Seminars noch Zeit nehmen, um das Seminar langsam ausklingen zu lassen.

„Gut auf der Rolle"

Zum Selbstverständnis des Teams

das Team machts!

Mit dem Begriff „Teamerin" meinen wir die Jugendgruppenleiterinnen und Lehrerinnen, die die Jugendgruppe bzw. die Klasse sowohl thematisch als auch methodisch anleiten.

Sich über die eigene Rolle als Teamer bewußt zu werden, ist bei der Arbeit mit konflikt- und gewaltpädagogischen Konzeptionen fast so wichtig wie die Inhalte oder die Methodik. Eigene Aggressionen bzw. Konflikte hinterfragen lernen, sich der eigenen Vorbildfunktion bewußt sein, die Distanz zur eigenen Rolle wahren und sich selber als aktiven Lernhelfer zu begreifen, sind Teilaspekte, die im folgenden kurz erläutert werden.

Um ein möglichst konstruktives Konfliktverhalten vermitteln zu können, sollte sich die Teamerin nicht primär die Frage stellen, wie sie mit den Konflikten der Jugendlichen umgehen und auf welche Weise sie ihnen ein konstruktives Konfliktverhalten lehren kann. Viel wichtiger ist für die Teamerin die Reflexion des eigenen Verhaltens in Konflikten; erst aus dieser Reflexion entwickelt sich ein konstruktives Konfliktverhalten. Oft verhalten sich Teamer den Teilnehmenden gegenüber autoritär oder aggressiv und geben so ihr eigenes unreflektiertes Konfliktverhalten weiter. Dem Vorbildverhalten der Teamerin kommt deshalb besondere Bedeutung zu. Ihr Verhalten und ihre Einstellungen sind für die Teilnehmenden richtungsweisende Verhaltensmuster.

Um als glaubwürdiges Vorbild auftreten zu können, bedarf es der Bereitschaft, eigene Fehler und Zweifel einzugestehen. Bittl-Drempetic schreibt dazu: „Die Erkenntnis und die Einschätzung der eigenen Verhaltensmuster führt zu einer Relativierung der meist hehren Ansprüche. Sie enthebt den Trainierenden des Totalanspruchs, in dieser oder jener Situation genau das Richtige tun zu müssen. Ziel soll vielmehr sein, das Bestmögliche mit den eigenen Fähigkeiten zu leisten."

Die Teamerinnen sollten sich von ihrer Rolle kritisch distanzieren, um immer wieder über ihr Verhalten reflektieren zu können. Sich der eigenen Rolle bewußt sein und die Wahrnehmung entwickeln, die eigenen Grenzen und die der Teilnehmerinnen nicht zu überschreiten, tragen zu einem Gelingen des Seminars entscheidend bei.

Die Rolle des Seminarleiters im hier verstandenen Sinne besteht darin, ein aktiver Lernhelfer zu sein, der durch die von ihm angebotenen Themen und Lernstrukturen die Gruppe in ihrer Entwicklung unterstützt und sie gleichzeitig bei der Arbeit an ihrer Aufgabe fördert. Die Teamerin sollte zwischen ihrer Rolle als Lernhelferin und einer therapeutischen Hilfestellung gut unterscheiden.

Sich in die Rolle der Therapeutin zu begeben, entspricht in den meisten Fällen nicht der eigenen Qualifikation und sprengt den Arbeitsauftrag wie auch den zeitlichen Rahmen eines Seminars. Deshalb sollte die Teamerin, auch wenn es sich um tiefe Konflikte im zwischenmenschlichen Bereich handelt, den Teilnehmerinnen ihr eigenes Konfliktverhalten sichtbar machen. Sie sollte Räume anbieten, in denen es um Ermutigung, Hilfe zur Selbsthilfe, persönliche Ich-Stärkung und das Entdecken individueller Fähigkeiten geht. Ein Teamer sollte sich nicht auf eine „Rezepterwartung" für bestimmte Probleme einlassen, sondern der Gruppe oder der Einzelnen die Möglichkeit geben, den Konflikt zu entdecken, ihn auszuhalten und nach Lösungen zu suchen. Durch Ratschläge wird der Konflikt nur zugedeckt, was einem Veränderungsprozeß, der neue und befriedigende Konfliktlösungen ermöglicht, im Wege steht.

Geschlechtsspezifische Aspekte der Rolle des Pädagogen

Der Teamer teamt nicht in einer geschlechtsneutralen Rolle, sondern als Mann oder als Frau. Das hört sich zwar banal an, ist aber bedeutend.

Bei der Vermittlung eines konstruktiven Konfliktverhaltens ist die geschlechtstypische Vorbildfunktion der Teamer, d.h. des Teamers für die Männer und der Teamerin für die Frauen, nicht zu unterschätzen.

Männer und Frauen entwickeln in ihrer Sozialisation unterschiedliche geschlechtsspezifische Ausdrucksformen und einen geschlechtsspezifischen Umgang mit Aggressionen.

Von Frauen und Mädchen werden heute immer noch Verhaltensmuster wie Anhänglichkeit, Verständnisbereitschaft, Anpassung und Einfühlungsvermögen erwartet. Die Sozialisation der Frau und ihre Rollenerwartung führt somit auch zu einem anderen Umgang mit Aggression und Gewalt.

Männer und Jungen bilden vorrangig aggressive, beherrschende und bewältigende Fähigkeiten und Eigenschaften aus. Deshalb wird ihnen, im Gegensatz zu Frauen, das Ausleben von Aggressionen zugestanden, während Frauen Aggressionen oft gegen sich selbst richten (siehe Kapitel C 5 „Aggression wird gelernt". Zum Aggressionsbegriff).

Aufgrund dieses geschlechtsspezifischen Umgangs mit Aggression und Gewalt erachten wir es für notwendig, gemischtgeschlechtliche Gruppen auch von einem gemischten Team leiten zu lassen. So ist es möglich, für verschiedene Übungen geschlechtshomogene Gruppen zu bilden. In Konflikten, denen geschlechtsrollengeprägtes Verhalten zugrunde liegt, kann das Team relativ „neutral" vermitteln und das geschlechtstypische Rollenverhalten besser reflektieren.

Umgang mit Ohnmacht und aufgewühlten Gefühlen

Beginnt eine Teilnehmerin aufgrund tiefsitzender Ängste zu weinen, muß die Teamerin besondere Hilfestellungen geben. Besonders in Rollenspielen zu selbst durchlebten Gewaltsituationen kann dies eintreten. Wie kann der Teamer damit umgehen?

Rollenspiele und Seminarsituationen, die emotional besonders belastend sind, sollten nie kurz vor Ende des Seminars durchgeführt werden. Um schwierigen Situationen vorzubeugen, ist nicht nur am Anfang des Seminars, sondern auch zwischendurch auf die Eigenverantwortung der Teilnehmenden und die Freiwilligkeit der Übungen hinzuweisen. Regelmäßige Blitzlichtrunden helfen, die Gruppenstimmung zu erfassen.

Treten Ohnmachtssituationen oder Trauer auf, sollten Raum und Atmosphäre geschaffen werden, das Problem zu beheben. Dabei muß die Teamerin mit der Betroffenen zusammen entscheiden, ob das Problem in der Gruppe oder außerhalb der Gruppe gelöst werden sollte.

Bei der Problemlösung sollte das Problem zunächst verdeutlicht werden („Wie erlebe ich die Situation hier?") und dann zügig und möglichst konkret zum „Wie hätte ich es gern?" übergegangen werden.

Erfolgskontrolle

Am Ende eines Seminars darf die eigene Erfolgskontrolle nicht fehlen, um die Kritik der Teilnehmer aufzunehmen. Die Erfolgskontrolle sollte die eigene Rolle reflektieren und die eigenen Stärken und Schwächen sichtbar machen. Sie dient zudem dazu, sich Schritte zur eigenen Veränderung zu überlegen. Dies sollte in Ruhe zusammen im Team mit Hilfe der Schlußauswertung geschehen.

Die Überprüfung des vermittelten Lernstoffs ist für die Teilnehmenden ebenso bedeutsam wie für die Teamerinnen. Durch Fragen wie: „Was war für Dich neu? Was hat Dich überrascht? Was willst Du ändern? Was willst Du vom Seminar mitnehmen, was dalassen? Was nimmst Du Dir für die nächste Bedrohungssituation vor?" werden wertvolle Seminarerfahrungen reflektiert und einer konstruktiven Auswertung und Erfolgskontrolle Rechnung getragen.

Literaturhinweise

Langmaack/Braune-Krickau: „Wie die Gruppe laufen lernt – Anregungen zum Planen und Leiten von Gruppen", Weinheim 1989, DM 29,80.
Dieses praktische Lehrbuch für Gruppenleiter folgt einem ganzheitlichen Konzept und schildert ausführlich und praxisnah die Planung und Vorbereitung, die Leitung sowie die Beendigung von Lern- und Arbeitsgruppen. Besonders die Kapitel zum Menschenbild und zur Verantwortung des Leiters für sich selbst runden die bewährte Unterlage für Ausbildungsverantwortliche ab.

Werkstatt für gewaltfreie Aktion: „Sexismus in politischen Gruppen", Baden 1991, 40 S. DM 6,— Broschüre.
Die etwas unübersichtlich gestaltete Broschüre ist in zwei Teile geteilt. Im ersten Teil werden theoretische Überlegungen zum Sexismus und zu feministischen Reaktionen darauf vorgestellt. Der zweite Teil befaßt sich mit Sexismus in Gruppen und weist verschiedene Handlungsansätze auf.

How to use ...

► ***Kurzbeschreibung:***
Alle nachfolgenden Übungen zum Kapitel C „Kreatives Handeln" haben denselben Aufbau wie dieses Blatt. Nachfolgend sind die wichtigsten Informationen, die für alle Übungen und Methodenabläufe gelten, zusammengefaßt.
Unter der Rubrik „Kurzbeschreibung" wird das Ziel der Übungen genannt. Außerdem sind die wichtigesten Informationen zur Methode aufgeführt, so daß ein schneller Überblick leicht möglich ist.

► **Ablauf:**
Zuerst stellen wir den Ablauf der Übungen vor. Dabei haben wir unsere eigenen Erfahrungen mit der Übung eingearbeitet. Natürlich sind Variationen möglich. Wir möchten gerade dazu einladen, Übungen auch zu verändern. Wenn damit neue Erfahrungen gemacht werden, sind wir für Anregungen dankbar.
Jeder Baustein ist wie folgt aufgebaut: Wir stellen an den Anfang jeweils einen längeren Text, der dem Teamer helfen soll, sich in das Thema einzuarbeiten. Die Kenntnisse können anhand der Literaturhinweise vertieft werden. Der Text kann auch an die Gruppe verteilt werden, um gemeinsam darüber zu diskutieren. Methodisch empfehlen wir, den Text in Auszügen wiederzugeben, wenn die Gruppe nicht an Textarbeit gewöhnt ist.
Nach diesem Einstiegstext folgt ein Vorschlag für einen Methodenablauf. Der Plan beginnt mit einfachen Übungen zum Einstieg ins Thema und steigert sich zu thematischen Übungen, die einige Kenntnisse voraussetzen; d.h., daß die ersten Übungen zum „warm werden" nicht fehlen sollten. Sie können natürlich variiert werden, und andere Einstiegsübungen aus den anderen Bausteinen können den gleichen Zweck erfüllen. Weiterhin können alle Bausteine mit eigenen Übungen z.B. zum Kennenlernen ergänzt werden.
So wie der einzelne Baustein in sich gegliedert ist, ist auch die Abfolge der Bausteine durch einen Aufbau bestimmt. Nach unseren Erfahrungen ist es sehr wichtig, zuerst über den Gewaltbegriff und die Gewalterfahrungen zu sprechen. Alle weiteren Themen sollten erst danach folgen.
Neben den Übungsblättern gibt es das „Handout", das zum Kopieren und Verteilen an die Gruppe gedacht ist. Auf dem Handout sind zum Teil eigene Arbeitsvorschläge angegeben oder es gehört zu einer vorangegangenen Übung und ist dort beschrieben.

► **Variante:**
Unter dieser Rubrik werden Veränderungsvorschläge für den Ablauf gemacht. Dies erweitert den Methodenteil, und es soll dazu anregen, weitere Variationen zu ergänzen.

► **Auswertung:**
Mit den Vorschlägen zur Auswertung soll es möglich sein, Inhalte zu überprüfen und zu fragen „Was ist angekommen?" und „Woran könnte weiter gearbeitet werden?". Die von uns vorgegebenen Auswertungsfragen können bereits vor Beginn der Übung durch eigene Fragen ergänzt werden. Mit eigenen Fragen ist es manchmal leichter, die Übung anzuleiten.

► **Rolle des Teams:**
Diese Rubrik enthält neben den Hinweisen im vorangegangenen Kapitel B konkrete Punkte zum Verhalten des Teams.

Kapitel C

Kreatives Handeln

„Ruckzuck – Fresse dick"

Zum Begriff von alltäglicher Gewalt

Was ist eigentlich Gewalt? Wenn wir uns diese Frage stellen, kommen wir schnell auf erste Antworten: „Krieg", „Eine Frau wird vergewaltigt" oder „Schießerei mit Todesfolge". Diese Ausprägungen von Gewalt kennen wir alle, weil sie uns täglich mittels Fernsehen in die eigene Wohnung gesendet werden. Das medial vermittelte Bild von Gewalt ist uns deshalb immer präsent, obwohl es wenig mit unserem Alltag zu tun hat. Das Fernsehen zeigt extreme Gewaltsituationen, die viele von uns so nicht erleben. Die Situationen sind verkürzt dargestellt und beschreiben nur ungenau die Konfliktgeschichte, die hinter der Gewalttat steht. Die Lösung des Konflikts bleibt entweder offen oder liegt in weiterer Ausübung von Gewalt. Das Fernsehen gibt uns einen bestimmten Begriff von Gewalt vor und zeigt auch, wie vermeintlich damit umzugehen ist. Gleichzeitig versetzen uns die Medien in die Rolle des unbeteiligten Zuschauers. Wir machen den Fernseher an und beobachten Gewalt. Es ist sofort klar, daß von uns keine Handlung erwartet wird. Wir sehen der Gewalt zu und warten ab. Die Gewalt in den Medien rührt uns an, aber wir müssen uns keine Gedanken darüber machen, wie wir wirkungsvoll gewaltfrei eingreifen könnten. Über eine andere als die gewalttätige Konfliktlösung nachzudenken - dazu regt uns das Fernsehen nicht an. Wir erleben in der Regel keine dieser extremen Gewaltsituationen, dennoch sind wir von alltäglicher Gewalt betroffen.

Die Angst ist groß, in einer U-Bahn, in einer Disco oder Kneipe grundlos angegriffen zu werden: Ohne ersichtlichen Grund entlädt sich eine Aggression gegen das Opfer. Häufig sind es Gruppen, von denen Stärke und Überlegenheit ausgehen. Die einzelne Person fühlt sich alleine hilflos. Aus einer einfachen Rempelei wird schnell eine Schlägerei. Das Opfer ist völlig überrascht und handlungsunfähig. „Die Gewalt schlägt ein wie ein Blitz. Ohne Vorwarnung, schnell und mit großer Kraft". Doch ist das wirklich so? Gab es nicht Anzeichen für die drohende Situation? War nicht am Verhalten der Täter die Gefahr zu erahnen? An den ersten Anzeichen setzt die gewaltfreie Reaktion an, denn wenn die Fäuste erst fliegen, wird das gewaltfreie, aber auch das gewalttätige Reagieren viel schwieriger.

In der Seminararbeit wollen wir den Blick darauf lenken, daß Gewalt verschiedene Erscheinungsformen hat und unterschiedlich intensiv erlebt wird. Um die unterschiedlichen Formen der Gewalt zu verdeutlichen, stellen wir einige Fragen, die Ihr ausformuliert auf S. 44 findet. Die Antworten darauf geben einen Einblick in die Erfahrungen der Teilnehmenden. Im Folgenden werden die Fragen aus dem Fragebogen vorgestellt, der sich in die drei Blöcke „Unsicherheit", „Bedrohung" und „Gewalt" gliedert. Wir fragen nach Situationen der Unsicherheit und der Bedrohung, weil sie die Vorstufen zu alltäglichen Gewaltsituationen sind.

Um als Opfer oder Zuschauende die Eskalation zur Gewalt zu verhindern, müssen wir schon bei Unsicherheit und Bedrohung angemessen handeln lernen. Die Antworten, die wir in unseren Seminaren erhalten haben, zeigten, daß Unsicherheit, Bedrohung und Gewalt sehr unterschiedlich wahrgenommen werden und daß es im täglichen Leben die verschiedensten Formen von Gewalt gibt. Es lassen sich aber einige gemeinsame Merkmale herausarbeiten, die einen Ansatz für eine gewaltfreie Reaktion bieten.

In welchen Alltagssituationen fühlen wir uns sicher bzw. unsicher? Für die Wahrnehmung von Sicherheit setzen die meisten Menschen voraus, daß sie in einer bekannten Situation sind, in der sie Gewißheit darüber haben, wie die anderen Leute reagieren. So kann das Klassenzimmer für die einen ein sicherer Platz sein, während andere sich jeden Morgen davor fürchten, die Klasse zu betreten. Auch die Familie ist nicht automatisch Schutz vor Gewalt. Sie kann Unsicherheit bedeuten, wenn die Handlungen der Eltern nicht berechenbar sind. Eine Menschenmasse auf einer Demonstration muß dagegen nicht zwangsläufig unsicher machen. Manche fühlen sich gerade unter vielen Menschen mit gleichen Interessen sicher. Sicher fühlen wir uns dann, wenn wir die Situation und unsere Fähigkeit darin einschätzen können, Vertrauen haben oder die Menschen um uns herum kennen.

Auf die Frage nach der Sicherheit folgt die Frage danach, wann sich ein Mensch bedroht fühlt und wann er selbst droht. Aus der Unsicherheit wird eine Bedrohung, wenn ich mich selbst als potentielles Opfer ansehe. Als Opfer fühle ich mich, wenn ich das Gefühl bekomme, der Gefahr nicht gewachsen zu sein, und es scheint, daß die Täter sich gerade mich ausgesucht haben. Eine Fan-Gruppe auf dem Weg ins Stadion kann für mich eine Bedrohung sein, wenn ich das Gefühl habe, daß sie Gewalt gegen mich ausüben will. Die Gruppe wirkt bedrohlich, ohne vielleicht selbst drohen zu wollen. Und wann drohen wir selbst? Es ist zu unterscheiden, ob wir bewußt eine Drohung aussprechen oder ob wir uns so verhalten, daß andere uns als Bedrohung empfinden. Wenn ich als Mann in einer Tiefgarage hinter einer Frau hergehe, um zu meinem Wagen zu gelangen, kann sich die Frau allein durch das Geräusch meiner Schritte bedroht fühlen. Es ist uns also nicht immer bewußt, daß wir bedrohlich wirken, und nur, wenn wir uns in andere hineinversetzen, können wir uns darüber bewußt werden.

In unseren Seminaren fragten wir: Wo hast Du Gewalt persönlich beobachtet? Wo warst Du Opfer und wo hast Du selbst Gewalt ausgeübt? Nahezu jeder hat eine ganz frühe Erfahrung, als Zuschauer einer Gewaltsituation: Die „Klassenkloppe" oder die Prügelei auf dem Schulhof. Angezogen vom Geschrei näherten wir uns dem Kreis der anfeuernden Schülerinnen, blickten neugierig in die Mitte, um zwei sich prügelnde Jungen zu beobachten.

Ohne Ahnung worum es geht, waren wir zu hilflos, um einzugreifen. Entweder wir schlossen uns der Masse an und schrien mit, oder wir wandten uns ab. Das typische Problem des Zuschauers ist, daß er die Situation und seine Fähigkeiten darin erst abschätzen muß. Ist er unsicher, entzieht er sich der Situation oder handelt wie die meisten anderen. Erst eigene Sicherheit gibt die Kraft zu handeln und einzugreifen.

Wenn wir betrachten, wer alles Opfer von Gewalt wird, so ist ein besonderes Problem seit einigen Jahren verstärkt zu beobachten. Allein das Tragen eines bestimmten Kleidungsstücks oder einer Uniform kann ausreichen, um das Opfer von Gewalt zu werden. Schmerzliche Erfahrungen machten z.B. Pfadfinder während des Kirchentages 1993 in München. In der traditionellen Kluft gekleidet, mußten sie immer wieder Anmachen über sich ergehen lassen. Das hellgraue Hemd, das durch Lederknoten zusammengehaltene Halstuch und der Bundesadler erinnerten einige Kirchentagsbesucher an die HJ. Das war für sie Grund genug, eine rechtsradikale Grundhaltung zu vermuten und in einem Fall sogar draufzuhauen. Mit ähnlichen Schwierigkeiten haben auch die Mitglieder der Jugendfeuerwehr und des Roten Kreuzes zu tun. Mit einer Uniform, die auch aus Palituch und schwarzen Klamotten bestehen kann, paßt ein Mensch schnell in ein Feindbild. Der Mensch als solcher bleibt dabei anonym. Was zählt, ist seine Kleidung, seine Hautfarbe oder seine Behinderung. Wer immer in ein solches Feindbild paßt, läuft Gefahr, Opfer von Gewalt zu werden.

Bei den Antworten zu der Frage über die körperliche Gewalt ist eindeutig, daß sie zu einem ganz überwiegenden Teil von Jungen und Männern ausgeübt wird. Männer sind oft körperlich überlegen und nutzen dies aus. Jungen und Männer, die körperliche Auseinandersetzungen meiden, gelten häufig als unmännlich oder auch als schwul. Männer gestehen sich die Empfindung „Angst" angesichts von körperlicher Bedrohung oft nicht zu. Die eigene Schwäche zuzugeben, sich unterwürfig zu zeigen oder zu fliehen, entspricht nicht dem Bild des furchtlosen Mannes. Um dieses Bild zu wahren, begeben sich Männer öfter in Gewaltsituationen und sind vier- bis achtmal häufiger Opfer von körperlicher Gewalt als Frauen. (Zum Rollenverhalten siehe auch das Kapitel C 5 „Aggression wird gelernt".)

In anderen Gewaltsituationen beruht die Überlegenheit der Täter nicht auf körperlicher Stärke, sondern auf der besseren Position, dem längeren Hebel, an dem jemand sitzt. Eine Lehrerin kann damit drohen, schlechte Noten zu vergeben, wenn eine Schülerin sich nicht nach ihren Wünschen verhält. Die Lehrerin ist der Schülerin überlegen, weil die Schulstruktur ihr Macht verleiht. Wir sprechen immer dann von struktureller Gewalt, wenn die Lebensumstände, d.h. die Strukturen, Gewalt auf Menschen ausüben. Wenn ein Schüler sich das Leben nimmt, weil er ein schlechtes Zeugnis bekommen hat, so ist das eine Folge von struktureller Gewalt.

Strukturelle Gewalt kann auch noch am Ende der Schulzeit wirken, wenn es keinen Ausbildungs- oder Studienplatz gibt. Freiwillig ist niemand arbeitslos oder macht eine Arbeit, die ihm nicht gefällt. Ein Täter ist hier nicht mehr auszumachen. Opfer dagegen um so mehr.

Befinden sich Kinder und Jugendliche in einer Abhängigkeit, z.B. in der Familie oder in der Berufsausbildung, so sind sie der Gewalt oft schutzlos ausgeliefert. Die Abhängigkeit verhindert die Flucht aus der Gewaltsituation und zwingt das Opfer, Leiden zu erdulden oder - was seltener geschieht - sich zu wehren. Neben der körperlichen Gewalt kommt in diesen Situationen die psychische Unterdrückung hinzu. Gewalt kann auch mit Worten ausgedrückt werden: Ein Kind mit Liebesentzug zu bestrafen, ist psychische Gewalt. Weil die Unterdrückung in diesen Fällen nicht offen zutage tritt, ist es für das Opfer schwer, sie öffentlich zu machen und sich zu wehren. Gerade die Familie steht in alten ehernen Gesetzen, die einen Eingriff von außen noch erschweren. Gewalt in Abhängigkeitsverhältnissen ist immer noch ein Tabuthema.

Aus allen genannten Gewaltsituationen lassen sich gemeinsame Merkmale ableiten. Die Täter sind die Aktiven. Sie bestimmen das Geschehen. Sie haben sich vorbereitet, setzen den Ort und die Zeit fest. Die erste Handlung liegt in ihrer Entscheidung. Bei körperlicher Gewalt handelt es sich bei den Tätern fast ausschließlich um Männer. Sie handeln aus einer Position der körperlichen Stärke und Überlegenheit. Aber auch für die psychische Gewalt gilt: Die Täter fühlen sich in einer überlegenen Stellung. Gewalt geschieht in aller Regel entweder dann, wenn sich die Personen sehr nahe stehen oder wenn sie sich völlig fremd sind. Mit dem Postboten oder dem Kioskbesitzer von nebenan entspinnt sich selten Gewalt. Wir kennen diese Menschen gut genug, um ein Feindbild zu verhindern und ohne dabei in eine Abhängigkeit zu geraten. Diese nähere soziale Umgebung im Stadtteil ist sozusagen ein gewaltloser Raum. Erst wenn die Anonymität oder die Abhängigkeit groß wird, wird Gewalt zu einer Gefahr.

Mit den folgenden Übungen möchten wir Methoden vorstellen, die zu einer eigenen Begriffsbildung von Gewalt führen. Die eigene Wahrnehmung von alltäglicher Gewalt soll überprüft werden. Was erlebe ich selbst und was erfahre ich lediglich aus den Medien oder von Freunden? Mit den Übungen sollen die typischen Gemeinsamkeiten von alltäglicher Gewalt erkannt und die eigene Rolle darin überprüft werden. Erst wenn die typischen Abläufe von Gewalteskalationen bewußt sind, können Handlungsstrategien entwickelt werden. Die eigene Gewalterfahrung ist von Person zu Person sehr unterschiedlich und muß sehr behutsam behandelt werden. Auch ist das, was als Gewalt empfunden wird, nach Geschlecht verschieden. Wir schlagen daher bei den einzelnen Übungen vor, sie nach Geschlechtern getrennt durchzuführen. Die Gruppe wird dabei neue Unterschiede und Gemeinsamkeiten ausfindig machen.

Vorschlag für einen methodischen Ablauf

Einführung ins Thema:

- ▶ Zwei Gegenstände aus Eurem Gepäck
  alternativ
- ▶ Marktplatz
- ▶ Mit der Waffe in der Hand (Handout Gewaltbegriff 1)

Der Gewaltbegriff:

- ▶ Bilderdiskussion
  alternativ
- ▶ Gewaltthermometer

Die Wahrnehmung von Gewalt
und meiner Rolle:

- ▶ Fragen zur eigenen Erfahrung mit Gewalt
- ▶ Statuentheater
- ▶ Gewaltdreieck (Handout Gewaltbegriff 2)

Literaturhinweise

Gugel, Günther und Jäger, Uli: „Gewalt muß nicht sein. Eine Einführung in friedenspädagogisches Denken und Handeln", Verein für Friedenspädagogik Tübingen e.V., 2. Aufl., Tübingen 1995, 351 S., DM 29,–, paperback.
Mit dem Buch liegt eine umfangreiche Einführung vor. Kurz und schlüssig werden die Grundsätze für eine Friedenserziehung, die aktuellen Problemfelder und die konkreten Handlungsmöglichkeiten von Friedenserziehung aufgezeigt. Sehr gut wird in der Beschreibung der Problemfelder die politische Dimension mit der individuellen Betroffenheit verknüpft.
Das Buch schließt mit einer umfangreichen, unkommentierten Literaturliste ab. Mit DM 29,— und der stark an der Friedenserziehung orientierten Perspektive empfiehlt sich das Buch mehr für Lehrerinnen als für Jugendgruppenleiterinnen.

„Aus Schlagworten wurden Brandsätze, Dokumentation einer Veranstaltung", Hrsg.: AGfJ und SJD-Die Falken, Alfred-Wegener Weg 3, 20459 Hamburg, 31 S., Broschüre, DM 5,— zzgl. Versand.
„Aus Schlagworten wurden Brandsätze" beschreibt in kurzen, aber sehr guten Kapiteln den Einfluß der Medien auf die Gewalt gegen Ausländer.

Zeit: 40 Minuten

Zwei Gegenstände zu Gewalt

Kurzbeschreibung:
Die Übung ist als erste thematische Übung gedacht. Vorher kann eine Kennenlernphase stattgefunden haben. Mit dieser Übung gelingt leicht ein Einstieg, da erste Assoziationen zwischen Gewalt und dem Alltag hergestellt werden. Die Seminarräume werden spielerisch erkundet. Die Übung bedarf keiner Auswertung.

Ablauf: Die Teilnehmenden haben fünf Minuten Zeit, sich in den Seminarräumen oder im Seminarhaus umzusehen und sich zwei beliebige Gegenstände mitzubringen, zu der sie eine Assoziation von Gewalt haben. Wieder in der Gruppe zusammen, stellt jede Person die Gegenstände vor und erzählt kurz, welche Gedanken zu Gewalt sie mit ihnen verbindet.

Variante: Die Gegenstände können auch aus dem persönlichem Gepäck mitgebracht werden.

Anmerkung: Möglicherweise waren unter den vorgestellten Gegenständen einige Verteidigungsgeräte. Das Handout Gewaltbegriff 1 „Mit der Waffe in der Hand..." kann eine Fortsetzung dieser Übung sein. Dort werden die verschiedenen Waffen und ihre Nachteile vorgestellt. Das Handout ist eine gute Grundlage, um über Waffen und die Folgen ihrer Benutzung zu diskutieren.

Rolle des Teams: Beide sollten an der Übung teilnehmen.

Marktplatz

Zeit: 20 Minuten

Kurzbeschreibung:
Nachdem die Übung „Zwei Gegenstände zur Gewalt" einen ersten Einstieg ermöglichte, treffen sich die Teilnehmenden in einer lockeren Atmosphäre auf dem Marktplatz, lernen sich in kurzen Gesprächen kennen und tauschen sich etwas intensiver über das Thema aus.

Ablauf: Die Gruppe wird aufgefordert, im Raum umherzugehen und sich vorzustellen, über einen Marktplatz zu schlendern. Dabei sollen der Raum und die anderen Teilnehmenden wahrgenommen werden. Auf Zuruf der Teamerin sollen sich drei bis vier Personen zusammenfinden und sich über jeweils eine gestellte Frage austauschen.

Fragen könnten sein:

- Wie seid Ihr heute morgen aufgestanden?
- Wie seid Ihr hierher gekommen?
- Warum seid Ihr auf das Seminar gekommen?
- Wo beobachtet Ihr am häufigsten Gewalt?
- Wann ärgert Euch die Gewalt, die Ihr beobachtet, besonders?

Nach zwei bis drei Minuten lösen sich die Gruppen auf und schlendern wieder über den Marktplatz, bis die Teamerin eine neue Zahl für die Gruppengöße ruft und eine weitere Frage stellt.

Variante: Anstatt Fragen zu beantworten, können auch Sätze vervollständigt werden, z.B.:

- Ich nehme an diesem Seminar zu Gewalt und gewaltfreier Konfliktlösung teil, weil....
- Am häufigsten beobachte ich Gewalt,....
- Ich ärgere mich über die Gewalt, die ich beobachte besonders, wenn....

Auswertung: keine

Rolle des Teams: Eine Teamerin sollte die Zahlen und Fragen zurufen. Die andere kann sich ausruhen oder den nächsten Schritt vorbereiten.

Mit der Waffe in der Hand

Aufrüstung ist modern geworden in unserer Gesellschaft. Jeder Einzelne darf mithalten und sich sein spezielles Waffenarsenal für den individuellen Verteidigungsfall zusammenstellen. Die meisten Waffen werden als psychologische Krücken für Notfallsituationen angeschafft, die die Angst mindern und ein Gefühl von Sicherheit geben sollen. Angst und Unsicherheit sind schlechte Voraussetzungen für ein überlegtes Handeln, und Verteidigungsgeräte aller Art haben einen großen Nachteil: Sie bringen nicht viel. Waffen verführen zu einem scheinbaren Gefühl der Stärke, so daß in gefährlichen Situationen Konflikte eingegangen werden, die unbewaffnet vermieden worden wären.

Viele Rohheitsdelikte erlauben keine sinnvolle Gegenwehr, da sie - wie z.B. Handtaschenraub - völlig überraschend oder - wie z.B. ausländerfeindliche Übergriffe - von eindeutig überlegenen Tätergruppen begangen werden; andere sind - wie die meisten Jugendgruppengewalttaten - als erkennbares Ziel vorangehender Provokationen durch Rückzugsverhalten vermeidbar. Für solche Fälle ist die bewaffnete Verteidigung ohnehin ungeeignet. Natürlich nagt ein „Rückzug" am Selbstwertgefühl, und es ist zu fragen, was statt der Flucht möglich gewesen wäre. Eine gewalttätige Auseinandersetzung sollte aber vermieden werden. Weder ein blaues Auge noch ein Messerstich in den Bauch fördert unser Selbstwertgefühl.

Alle Verteidigungsgeräte haben den grundsätzlichen Nachteil, daß sie zur Eskalation der Gewalt beitragen. Oft genug werden sie der angegriffenen Person entwunden und gegen sie eingesetzt. Die frei verfügbaren Verteidigungsgeräte sind lediglich dazu bestimmt, einen Täter kurzfristig zu stoppen, um sich einen Fluchtweg zu eröffnen. Sie sind absolut ungeeignet, um eine Tätergruppe „in Schach zu halten". Sie erlauben es nicht, einen Gegner dauerhaft kampfunfähig zu machen oder einen Angriff durch Drohung mit dem Gerät abzuwenden. Im folgenden werden die eindeutigen Nachteile von Verteidigungsgeräten dargestellt:

▶ Holz- oder Gummiknüppel haben den Nachteil, daß sie kaum unauffällig getragen werden können. Der Gegner muß auf Armeslänge herankommen, und ein Knüppel hat in der Drohgebärde einen provozierenden Charakter.

▶ Dasselbe gilt für Elektroschockstäbe. Mit ihnen muß der Gegner an einer dünn oder unbekleideten Körperstelle getroffen werden. Die Wirkung wird bei Unterbrechung des Körperkontaktes sofort aufgehoben. Die knisternden und funkensprühenden Geräte verführen dazu, sie zur Drohung einzusetzen, anstatt sie in einer Notsituation überraschend zu benutzen.

▶ Reizstoffsprühdosen sind so konzipiert, daß der Reizstoff den Gegner erst nach einer gewissen Zeit beeinträchtigt. Sie zeigen bei Betrunkenen oder Angreifern, die unter Rauschmitteleinfluß stehen, keine Wirkung. In engen Räumen oder bei ungün-

Fortsetzung: nächste Seite

stigen Windverhältnissen im Freien kann die Wirkung auf die Angegriffenen zurückschlagen. Bei diesen Geräten ist die unmittelbare Nähe des Angreifers nötig und sie beeindrucken weder durch Knall noch durch Blitz. Zwar können Sprühdosen gut und unauffällig in der Tasche getragen werden, woraus sie aber auch mit viel Fummelei rausgekramt werden müssen, wenn es ernst wird.

▶ Gegenüber der Sprühdose haben Schreck- und Reizstoffpistolen sicherlich Vorteile. Sie lassen sich auf Distanz einsetzen und erzeugen Lärm, der Aufmerksamkeit erregt. Pistolen sind aber teuer, unhandlich und kaum griffbereit mitzuführen. Der Umgang mit der Waffe muß immer wieder geübt werden.

▶ Gerade die Drohung mit der Waffe kann den Gegner zum Einsatz einer eigenen Waffe provozieren. Passanten werden noch weniger bereit sein, in solchen Situationen zu helfen, weil sie das Risiko nicht mehr einschätzen können. Leute, die später hinzukommen und zur Hilfe eilen, könnten aus Unkenntnis die falsche Person angreifen. Für Schreckschußpistolen und vor allem für nicht frei verkäufliche Waffen gilt, daß es viel Übung und Geschick bedarf, eine solche Waffe zu führen. Ungeübte müssen damit rechnen, daß ihnen die Waffe entwendet und gegen sie eingesetzt wird. Die Wirkung solcher Waffen ist nicht zu kontrollieren. Es besteht immer die Gefahr, daß der Angreifer oder Passanten verletzt werden.

▶ Messer sind als Verteidigungswaffen absolut ungeeignet. Der Gegner kann nur durch eine lebensbedrohende oder tödliche Verletzung abgewehrt werden. Der Grundsatz der Verhältnismäßigkeit ist verletzt und Notwehr nicht mehr gegeben. Messer machen Mörder!

Generell gilt, daß Situationen, in denen eine bewaffnete Verteidigung nötig sein könnte, im Leben der großen Mehrheit der Bevölkerung kaum vorkommen. Das Ziehen einer Waffe in Konfliktsituationen führt immer zu einer Eskalation und zwingt möglicherweise dazu, sie auch benutzen zu müssen. Wird die erwünschte Abschreckung nicht erreicht, verstärkt sich die eigene Verhaltensunsicherheit.

Wir schlagen zwei Verteidigungsgeräte vor. Die eigene Stimme und eine Trillerpfeife. Mit ihnen kann Lärm gemacht werden. Die Stimme ist (fast) immer verfügbar. Die Trillerpfeife kann als „pfiffiges" Schmuckstück um den Hals hängen und ist dann schnell greifbar. Durch den Lärm werden die Leute in der Umgegend aufmerksam. Der Täter ist überrascht und vielleicht erschrocken, ohne aber bedroht zu sein. Die Handhabung ist extrem einfach, sollte aber trotzdem geübt werden. Weder Schrei noch Trillerpfeife wird jemals jemanden verletzen und sie können fast überall eingesetzt werden.

Bilderdiskussion

Zeit: 60 Minuten

Kurzbeschreibung:
Ziel der Übung ist es, über das Betrachten, die Auswahl und die Diskussion von Bildern zu einem gemeinsamen Gewaltbegriff zu kommen. Für die Übung werden Bilder gebraucht, die mit Gewalt in Verbindung gebracht werden können. Tageszeitungen und Illustrierte sind voll davon.
(Achtung: rechtzeitig mit dem Sammeln beginnen!)

Ablauf: Die Bilder werden ausgebreitet und können von allen angesehen werden. Jede Person sucht sich ein Bild aus. Bei Gruppen von weniger als acht Personen können auch zwei Bilder ausgewählt werden. Reihum stellen die Teilnehmenden ihr Bild den anderen vor. Dabei sollen die Bildinhalte nicht diskutiert werden. Nachfragen sind aber gestattet. Die Aussagen werden auf einer Wandzeitung festgehalten. Beim Aufschreiben der Aussagen sollte stets vom Team nachgefragt werden, ob die festgehaltenen Stichworte den Kern der Aussage treffen. Am Ende der Sammlung sollte unbedingt eine Diskussion darüber stattfinden, ob aus den Aussagen ein gemeinsamer Begriff von Gewalt entwickelt werden kann. Die vorbereiteten Bilder bestimmen die Diskussion sehr. Wenn ein bestimmtes Gewaltthema behandelt werden soll, wie z.B. sexistische oder strukturelle Gewalt, dann müssen entsprechende Bilder ausgewählt werden.

Variante: Anstelle der Bilder können auch Schlagzeilen aus Zeitungen vorbereitet werden.

Auswertung: Die abschließende Diskussion über einen gemeinsamen Gewaltbegriff schließt die Übung ab, so daß keine weitere Auswertung notwendig ist.

Rolle des Teams: Ein Teamer moderiert das Gespräch. Der andere schreibt die Aussagen auf die Wandzeitung. Beide können auch ein Bild auswählen und ihre Meinung einbringen.

Gewaltthermometer

Zeit: 60 Minuten

Kurzbeschreibung:
Wie auch bei der „Bilderdiskussion" soll beim Gewaltthermometer eine Diskussion über die verschiedenen Formen von Gewalt angeregt werden. Am Ende der Diskussion soll zu erkennen sein, wie viele verschiedene Ausprägungen Gewalt hat. Da die Übungen sich in der Zielsetzung ähneln, brauchen sie nicht beide angeleitet werden.

Ablauf: Es werden zwei Blatt Papier benötigt. Auf dem einen steht 0 Grad (keine Gewalt), auf dem anderen 100 Grad (ganz sicher Gewalt). Die Blätter werden mit einigen Metern Abstand auf den Boden gelegt, so daß eine gedachte Linie entsteht (das Thermometer). Die vorbereiteten Blätter mit den unten vorgeschlagenen Aussagen zu Gewalt werden gleichmäßig an alle Teilnehmenden verteilt. Diese sollen nun schweigend ihre Beispiele auf dem Thermometer zuordnen: Je stärker sie eine Situation als Gewalt empfinden, desto näher legen sie diese zum Siedepunkt. Läßt sie eine Situation kalt, soll sie beim Nullpunkt liegen. Wenn alle Blätter in einer Reihe liegen, sollen sie, immer noch schweigend, umsortiert werden. Jede Person darf die Blätter nach eigenen Vorstellungen verschieben, wobei Blätter ruhig oft hin- und hergetragen werden dürfen. Wenn die stumme Streiterei erlahmt, soll mit einer Diskussion um die heftigsten Streitpunkte begonnen werden. Am Ende kann eine gemeinsame Reihenfolge entstehen. Die Diskussion um die heftigsten Kontroversen muß nicht zu einer Einigung führen. Es geht vielmehr darum, zu erkennen, daß Gewalt sehr verschieden aufgefaßt werden kann.

Folgende Gewaltbeispiele können vorbereitet werden:

· Ein Vater reißt sein Kind vor einem Auto von der Straße und tut ihm dabei sehr weh · Ein Mädchen klaut aus der Klassenkasse fünf D-Mark · Eine Atomkraftgegnerin blockiert einen Atommülltransport · Ein Autofahrer jagt mit quietschenden Reifen von der Ampel los · Eine Mutter gibt ihrem Kind einen Klaps auf den Po · Ein Kind in Indien stirbt an der Pest · Ein Fußballfan beschimpft einen gegnerischen Fan · Ein Lehrer gibt eine schlechte Note · Passanten schweigen, als ein Schwarzer beschimpft wird · Eine Obdachlose erfriert · Ein Soldat fährt ins Manöver · Ein Mann versucht, seine Freundin zu überreden, mit ihm zu schlafen, obwohl sie bereits Nein gesagt hat · Der Direktor eines Unternehmens veranlaßt, daß Giftmüll in ein Entwicklungsland geschickt wird · Ein Politiker nennt Flüchtlinge „Asylschmarotzer" · Ein Polizist setzt eine Abschiebung mit Handschellen durch.

Variante: Statt die Beispiele für Gewaltsituationen vorzubereiten, können auch die Teilnehmenden selbst ein oder zwei Beispiele aufschreiben. Es sollten dann aber noch einige vorbereitete Beispiele „in Reserve" liegen, um die verschiedenen Formen von Gewalt im Thermometer zu haben.

Auswertung: Falls die abschließende Diskussion sehr kontrovers war, ist ein Blitzlicht sinnvoll. Sonst ist keine Auswertung notwendig.

Rolle des Teams: Ein Teamer moderiert das Thermometer. Der andere beobachtet und registriert, welches die „heißen" Themen in der Gruppe sind.

Zeit: 120 Minuten

Fragen zur eigenen Erfahrung mit Gewalt

Kurzbeschreibung:
Nachdem die Gruppe sich in den vorangegangenen Übungen eher abstrakt mit dem Gewaltbegriff beschäftigt hat, sollen mit dem Fragebogen die eigenen Erfahrungen zur Grundlage für die weiteren Übungen gemacht werden. Anhand der eigenen Erfahrungen lassen sich die typischen Gemeinsamkeiten von Gewaltsituationen herausfinden, und es lassen sich im späteren Teil leichter neue Verhaltensweisen erlernen. Die Ergebnisse aus dem Fragebogen können mit Hilfe einer Statue dargestellt werden. (Erklärung folgende Übung)

Ablauf: Es wird ein Fragebogen mit den folgenden Fragen vorbereitet. Es sollte für jede Frage ausreichend Platz gelassen werden, um schriftlich zu antworten. Am besten werden die Fragen auf zwei Seiten verteilt.

1. In welchen alltäglichen Situationen fühlst Du Dich sicher?
2. In welchen alltäglichen Situationen fühlst Du Dich unsicher?
3. Wann und wo fühlst Du Dich bedroht?
4. Gibt es Situationen, in denen Du drohst? Beschreibe die Situation kurz.
5. Warst Du schon mal Opfer in einer Gewaltsituation? Versuche in Stichworten, die Situation zu beschreiben.
6. Wo und wann hast Du Gewalt beobachtet? Beschreibe kurz, was geschah.
7. Warst Du selber schon mal Täter? Beschreibe auch diese Situation in wenigen Worten.

Der Fragebogen wird in Einzelarbeit von jeder Person beantwortet. Dafür sollten mindestens 20 Minuten in ruhiger Atmosphäre zur Verfügung stehen. Die Antworten werden nicht „veröffentlicht". Das Team sollte darauf hinweisen, daß jede Person selbst entscheidet, wieviel sie von den Antworten in der Diskussion erzählt. Die Antworten und die spätere Diskussion sollen nur Geschehnisse und Erfahrungen beinhalten, die die Teilnehmenden selbst gemacht haben. Nachdem der Fragebogen beantwortet wurde, finden sich Gruppen von vier Personen zusammen. Sie stellen sich die Antworten gegenseitig vor und halten auf einer Wandzeitung die Gemeinsamkeiten und die Unterschiede der Situationen fest. Die Wandzeitungen sollen der gesamten Gruppe später vorgestellt werden und bilden die Grundlage für ein Statuentheater. Für die Phase in den Kleingruppen sollte ausreichend Zeit sein. Eventuell dauert die Übung länger als geplant. Es ist gerade hier wichtig, flexibel sein zu können.

Auswertung: Die Auswertung folgt entweder in der Übung „Statuentheater" oder durch ein offenes Gespräch im Plenum, in dem die Arbeitsgruppen ihre Ergebnisse vorstellen.

Rolle des Teams: Das Team sollte sich sehr zurückhalten. Besonders dann, wenn zwischen dem Team und der Gruppe Abhängigkeiten oder geringe Vertrautheit besteht. Die Gruppen arbeiten alleine. Das Team kann nach 60 Minuten kurz fragen, wie die Gruppe vorankommt und ob es Probleme gibt. Die Frage sollte 10 Minuten vor Ende der Übung nochmal gestellt werden, um die Übung bei Bedarf zu verlängern.

Statuentheater

Zeit: 60–90 Minuten

Kurzbeschreibung:
Aus den Ergebnissen des Fragebogens sollen die Kleingruppen eine typische Situation in einer Statue darstellen. Die Statue hilft die Gemeinsamkeiten von Gewaltsituationen und die eigene Rolle darin zu erkennen. Anhand der Statue können erste Handlungsalternativen überlegt werden. Das Statuentheater ist in seinen Formen sehr wandelbar. Wenn die Gruppe länger arbeitet und Übung mit Statuen bekommt, kann sie eigene Variationen erfinden.

Ablauf: Im Statuentheater soll eine alltägliche Gewaltsituation von der Gruppe als Statue dargestellt werden. Das ermöglicht einen Blick auf die Beteiligten in der Situation und kann Hinweise geben, wie sie sich typischerweise verhalten und wie sie ihr Verhalten ändern können. Eine Person aus der Gruppe formt die Teilnehmenden zu einer Statue. Die Statue soll eine Situation darstellen, die sich aus den Erfahrungen der Teilnehmenden ergibt. Die Fragen zu eigenen Erfahrungen mit Gewalt werden genügend Ideen ergeben. Ist die Statue fertiggestellt, wird sie von allen außerhalb der Statue betrachtet. Eine andere Person als die erste Bildhauerin verändert die Statue nun. Sie hat die Aufgabe, die Situation zu entschärfen. Das soll Schritt für Schritt geschehen. Wenn die Statue aus ihrer Gewaltsituation „befreit" wurde, werden von ihr noch mal das Ursprungsbild und das Ergebnisbild blitzlichtartig gezeigt. Die gesamte Gruppe kommt im Kreis zusammen und spricht über die Statue. Dabei helfen die Auswertungsfragen. Wenn Vorschläge kommen, wie die Statue noch hätte verändert werden können, dann sollte nicht lange darüber geredet werden. Die Statue kann wieder aufgebaut und umgewandelt werden, bis die Ideen ausgehen.

Variante: Die Gruppe kann sich teilen und jeweils eine Statue bauen, die sie der anderen Gruppe vorstellt und die sie von dieser verändern läßt.

Auswertung: Was stellte die Statue dar? Was war das Ziel des Bildhauers? Was wurde zuerst verändert und warum? War das eine Erleichterung für das Opfer? Wann wurde das Opfer verändert? Wie fühlten sich die einzelnen Personen in ihrer Position?

Rolle des Teams: Eine Teamerin moderiert. Die andere beobachtet. Bei der Beobachtung können die Auswertungsfragen zugrunde gelegt werden. Beobachtet werden soll auch, ob die „heißen" Themen der vorhergehenden Übungen wieder auftauchen.

Literaturhinweise

Boal, Augosto: „Theater der Unterdrückten. Übungen und Spiele für Schauspieler und Nicht-Schauspieler", Frankfurt am Main 1989, 273 S., paperback, DM 16,80.
Der Untertitel ist schon eine gute Inhaltsbeschreibung. Anhand vieler praktischer Beispiele, die Mut und Lust zum Nachmachen vermitteln, werden die Techniken und Ideen des Theaters der Unterdrückten dargestellt. Dabei richtet sich das Theater gerade nicht an den Profischauspieler sondern an Leute, die Lust auf politisches Theater haben. Für die ist das Buch unverzichtbar.

Zeit: 45–60 Minuten

Strukturen und Personen im Gewaltdreieck

Kurzbeschreibung:
Die vorherigen Übungen in diesem Kapitel haben unterschiedliche Formen von Gewalt behandelt. Johan Galtung, ein norwegischer Friedensforscher, unterscheidet zwei Formen von Gewalt: die personale und die strukturelle. In dem Dreieck haben wir diese beiden Ebenen der Gewalt in der Spitze (strukturelle Gewalt) und in der Basis (personale Gewalt) dargestellt. Wir haben die schematische Darstellung in einem Dreieck gewählt, um zu zeigen, daß sich die Gewaltformen gegenseitig bedingen. Personale und strukturelle Gewalt treten selten in ihren reinen Formen auf. Wir haben es in der Regel mit einer Mischung zu tun. Die Unterscheidung zwischen personaler und struktureller Gewalt soll verdeutlichen, daß strukturelle Gewalt ohne konkreten Täter auskommt. Es gibt wenige oder keine sichtbaren direkten Täter, dafür sind aber viele Menschen in Strukturen und sind dort Mittäter (vielleicht wider Willen oder wider Wissen). Wer auch immer der Täter ist und Verantwortung für Gewalt trägt, für die Opfer bleiben die Folgen physischer und psychischer Gewalt gleich.

Ablauf: Das Handout 2 mit dem Gewaltdreieck wird an alle Teilnehmenden verteilt und vorgestellt. Um das Dreieck an Beispielen zu erläutern, wird jetzt im Raum ein Dreieck aus Stühlen gestellt. Aus den Übungen „Bilderdiskussion" und „Gewaltthermometer" liegen viele Beispiele zu Gewaltformen vor. Jede Teilnehmerin nimmt sich zwei Beispiele und versucht sie nun auf oder zwischen den Stühlen einzuordnen.
Nachdem alle Beispiele zugeordnet wurden, werden sie vorgelesen. Die strittigen Zuordnungen werden diskutiert und verändert, wenn alle einverstanden sind. Wenn es für ein Beispiel zwei mögliche Zuordnungen geben sollte, wird einfach ein weiterer Zettel geschrieben.

Auswertung: Es geht in der Übung nicht um ein richtiges oder falsches Zuordnen, sondern darum zu erkennen, daß der Gewaltbegriff die beiden Ebenen von personaler und struktureller Gewalt umfaßt. Am Schluß der Übung sollte zusammengefaßt werden, was Gewalt aus Sicht der Opfer ist.

Rolle des Teams: Das Team moderiert die Übung und schreibt die Zusammenfassung auf eine Wandzeitung. Beide sollen aber auch zwei Beispiele zuordnen.

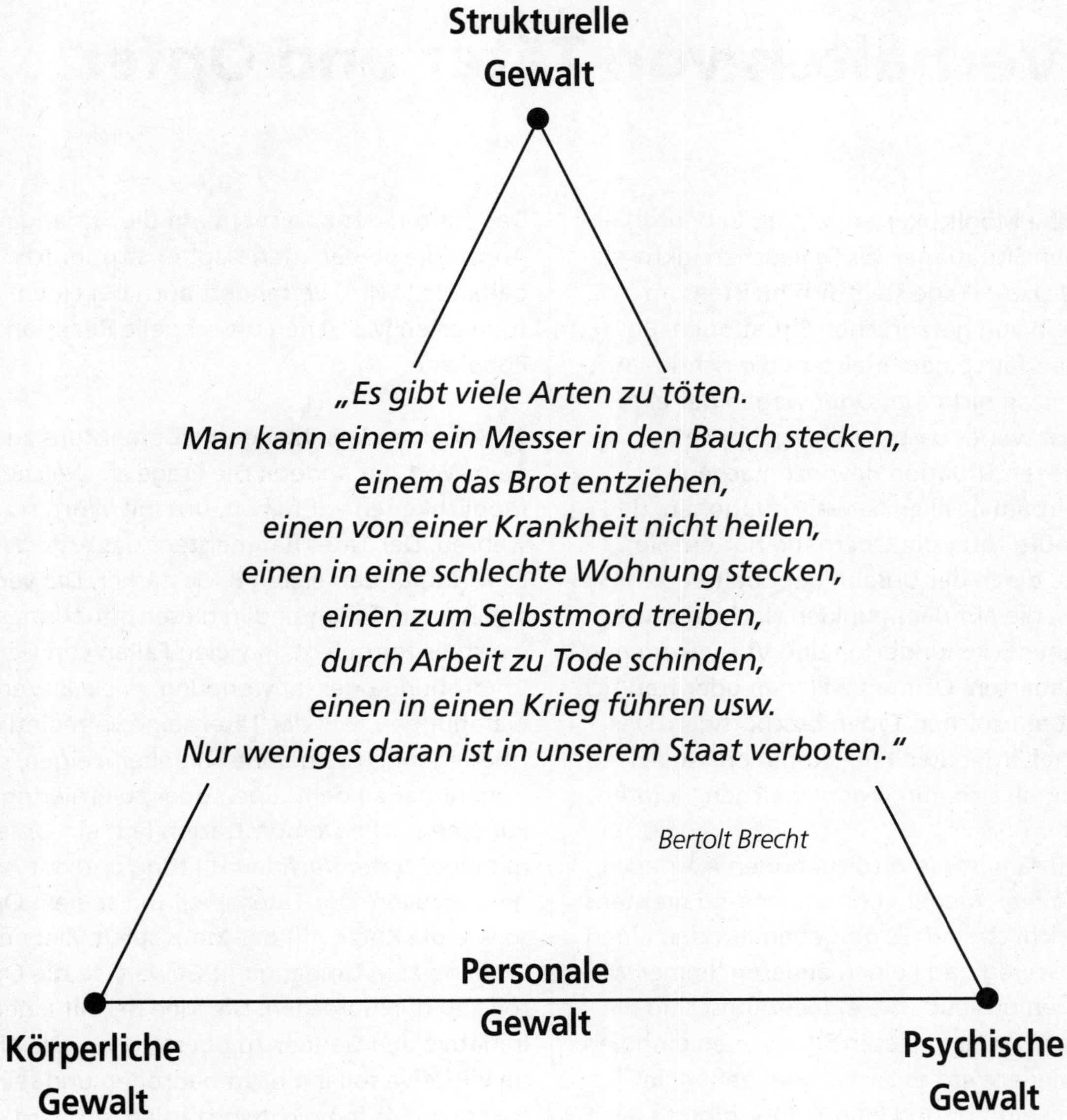

*„Es gibt viele Arten zu töten.
Man kann einem ein Messer in den Bauch stecken,
einem das Brot entziehen,
einen von einer Krankheit nicht heilen,
einen in eine schlechte Wohnung stecken,
einen zum Selbstmord treiben,
durch Arbeit zu Tode schinden,
einen in einen Krieg führen usw.
Nur weniges daran ist in unserem Staat verboten."*

Bertolt Brecht

„Den Typ von Gewalt, bei dem es einen Akteur gibt, bezeichnen wir als ***personale*** *oder direkte Gewalt; die Gewalt ohne einen Akteur als* ***strukturelle*** *Gewalt. In beiden Fällen können Individuen im doppelten Sinne der Wörter getötet oder verstümmelt, geschlagen oder verletzt und durch den strategischen Einsatz von Zuckerbrot und Peitsche manipuliert werden. Aber während diese Konsequenzen im ersten Fall auf konkrete Personen als Akteure zurückzuführen sind, ist das im zweiten Fall unmöglich geworden: hier tritt niemand in Erscheinung, der einem anderen direkt Schaden zufügen könnte; die Gewalt ist in das System eingebaut und äußert sich in ungleichen Machtverhältnissen."*

Johan Galtung, „Frieden und Friedensforschung", Reinbek 1980, S. 9.

„Voll auf die Schnauze ... und wie zurück?"

Zum Verhalten von Täter und Opfer

Welche Möglichkeiten gibt es, in bedrohlichen Situationen als Schwächere aktiv zu werden? Diese Frage stellt sich meistens im nachhinein von gefährlichen Situationen. Bei Anmachen fällt einem meistens die richtige Antwort spontan nicht ein. Oder wegen der eigenen Angst war es besser, sich irgendwie aus der bedrohlichen Situation davonzumachen.

Gemeinsam ist allen Gewaltsituationen, daß der oder die Täter die Oberhand hatten. Sie waren es, die in der U-Bahn gepöbelt hatten. Sie waren es, die auf dem dunklen Nachhauseweg hinter einer Ecke lungerten und Vorbeikommenden auflauerten. Oftmals will man oder frau sich gar nicht mit solchen Typen beschäftigen. Das eigene Ziel, irgendwo hinzukommen, ist viel wichtiger, als sich mit „irgendwelchen" Idioten „abzulabern".

Gemeinsam ist diesen Situationen aber auch, daß sie immer wieder vorkommen und meistens unausweichlich sind. Es gibt eben nur den einen Nachhauseweg und keinen anderen. Immer wieder werden uns auch die eigene Angst und die eigene Schwäche in diesen Situationen einholen. Immer wieder wird es Sackgassen geben, in denen es kein Vor und kein Zurück gibt. Es wird immer wieder Situationen geben, in denen der Konflikt so zugespitzt ist, daß er gelöst werden muß – nach Möglichkeit zugunsten der Schwächeren.

In diesen Situationen nun anders und neu zu reagieren, ist eine Sache des Trainings. Und zwar nicht nur des Körpertrainings und der Stärkung der Muskulatur, sondern eines Trainings, spontan in bedrohlichen Situationen anders zu reagieren als gewohnt und anders zu reagieren als erwartet. Ein körperliches Training, bei dem gelehrt wird, wie Schläge oder ähnliche physische Gewalteinwirkungen umgeleitet oder abgewehrt werden, ist nützlich. Doch es beantwortet die vielen psychischen Probleme nicht. Das Starren des Kanichens auf die Schlange, die Angst (die im nächsten Kapitel ausführlich behandelt wird) verhindert auch bei einem gut trainierten Menschen die schnelle Reaktion auf Pöbeleien.

In Auseinandersetzungen gibt meistens zuerst ein Wort das andere. Die Frage ist, welche Möglichkeiten wir haben, uns mit Worten zu wehren. Der Täter hat meistens das erste Wort. Er wirkt auf den ersten Blick stärker. Die verschiedenen Rollen sind in diesen Situationen meistens festgelegt. In vielen Fällen von Gewaltandrohung oder -anwendung, wie z.B. Vergewaltigungen, will der Täter seine vermeintliche Überlegenheit und seine Fähigkeit zeigen, sein Gegenüber zu demütigen oder zu erniedrigen. Für eine solche Demonstration lädt ein Opfer mit einer unterwürfigen Haltung und mit Angst geradezu ein. Der Täter spielt mit seinem Opfer, so wie die Katze mit der Maus spielt. Ziel im Training zum Umgang mit Gewalt ist, die Opferrolle zu durchbrechen. Die Idee ist, mit eigener Initiative den Gegner zu überraschen. Die eigene Initiative soll ihn nicht bedrohen und seine Lust anzugreifen nicht verstärken, sondern eine positive Verbindung zu ihm herstellen. Die Initiative kann in der Bereitschaft zum Gespräch liegen, z. B. in der U-Bahn: „Ich habe ein Problem. Können Sie mir helfen? Wie komme ich jetzt von hier nach ...?" Der Inhalt des Gesprächs kann zu einem anderen Thema führen. Der Inhalt sollte nicht zu weit wegführen, so daß sich der Täter stets ernstgenommen fühlt.

Zwei zentrale Gründe sprechen für diese Vorgehensweise: Erstens erwartet der Gegner bei Androhung von Gewalt, daß ihm Gegenwehr gezeigt wird. Er spielt damit, gerade körperliche Gewalt hervorzurufen. Eine körperliche Gegenwehr verstärkt die provozierte Auseinandersetzung eher. Der zweite Grund ist, daß die

Möglichkeiten für eine Konfliktlösung auf der Ebene der sprachlichen Auseinandersetzung liegen und kaum auf der körperlichen. Die körperliche Auseinandersetzung hebt sofort die Distanz auf, die nötig ist, um aus der Konfrontation wieder auszusteigen (siehe auch nachfolgend die Übung „Bleib mir vom Leibe").

Ein Beispiel für eine solche Situation: Eine Frau wird nach dem Einkauf von einem Mann verfolgt. Es ist dunkel, und sie spürt den Mann immer näher kommen. Sie hat keine Möglichkeit, jemanden zu Hilfe zu rufen. Als der Verfolger kurz hinter ihr ist, dreht sie sich um und sagt: „Wie gut, daß Sie kommen. Können Sie mir bitte beim Tragen dieser schweren Taschen helfen? Ich kann sie fast nicht mehr schleppen." Der Mann war so überrascht von dieser Initiative, daß er spontan zugriff und der Frau half. Was diesen Mann bewegt hat, die Frau sehr auffällig zu verfolgen, bleibt offen. Die Verfolgung war so stark, daß sie sich bedroht fühlte. Wenn sie versucht hätte, als kleine graue Maus das nächste Schlupfloch in der Mauer zu finden, um sich aus dieser Bedrohung zu entwinden, hätte sie dem Verfolger alle Möglichkeiten gegeben, seine Überlegenheit noch weiter auszuspielen. Seine möglichen Pläne konnte sie durchkreuzen, weil sie offen auf ihn zugegangen ist. Das Opfer bekam für den Verfolger ein Gesicht und war mehr als eine kleine, dunkle, weibliche Gestalt.

Eine weitere Situation spielte sich ebenfalls im Dunkeln vor einem Parkeingang ab. Eine Frau näherte sich diesem Parkeingang. Der einzige Weg, nach Hause zu kommen, führte durch den Park. Vor dem Eingang hatten sich eine Reihe von Typen aufgebaut. Sie unterhielten sich lautstark, und es war für die Frau aus dieser „grölenden" Unterhaltung zu entnehmen, daß es um sie ging. Sie war bereits zu nahe, um noch umzukehren. Und sie hatte noch zehn Schritte Zeit, sich eine neue Rolle zuzulegen, um die Situation zu bestehen. Sie fragte die angriffslustigen Typen: „Hey, könnt Ihr mich durch den Park begleiten? Ich hab' Schiß, daß da so blöde Typen kommen und mich belästigen." Genau diese Frage veranlaßte die Typen, sie zu begleiten und sie nicht als Opfer für irgendeines ihrer Spielchen zu nehmen.

Natürlich wird dies nicht in jeder Situation möglich sein. Und natürlich wird bei einem noch so guten Training jede Situation in der Wirklichkeit wiederum eine ganz andere sein. Es sind zum Teil verzwickte und gefährliche Situationen, die mit neuen Ideen verblüffend gelöst werden können. Es soll bei Teilnehmerinnen von Trainingskursen im Umgang mit Gewalt Vertrauen und Zuversicht geweckt werden, daß auch zur Eskalation neigende, akute Gewaltsituationen noch auf ein gewaltfreies Gleis gebracht werden können.

Es gibt unzählige kleine Beispiele, in denen diese gewaltfreie Konfliktlösung angewendet werden kann. So ist es in der U-Bahn oft der Fall, daß die Leute nicht durchrücken, wenn es eng wird. Alle bleiben am Ausgang stehen, weil sie sich nicht mit ihrem Nachbarn verständigen, wo und wann er aussteigt. Alle nerven sich mit Blicken an, weil niemand bereit ist, das Wort zu ergreifen. Wenn dann jemand laut sprechend einen Vorschlag macht, wird dieser Vorschlag, wie z.B. „doch einmal durchzurücken", gerne angenommen. Und es ist körperlich zu spüren, wie sich die Situation entspannt, die Leute sich wieder freundlich ansehen und ins Gespräch kommen.

In Gruppen, ob in der Schule oder in der Freizeit, sind Trainings von Bedeutung, weil sie das Konfliktverhalten innerhalb der Gruppe fördern. Die eingreifende Person, z.B. die Gruppenleiterin oder der Lehrer, geht bei Streitereien oft auf den Täter ein. Die Idee ist nicht, die Täterin zurückzuhalten und mit ihr einen Streit anzufangen, sondern gerade das Opfer zu stärken. Das erfordert ein Umdenken. Damit Ohnmachtserfahrungen nicht immer wieder mit Macht begegnet wird, sollten Konflikte vom Opfer her geregelt werden. Im Bezug auf die Schule heißt das, daß die Ohnmacht des Schwächeren nicht beseitigt wird, wenn der Täter isoliert und den Konflikt mit ihm durch die Macht als Lehrerin geregelt wird.

Die Ursachen für Ohnmacht liegen oftmals bereits im Kindesalter: Viele Kinder erfahren Ohnmacht durch Unterdrückung, Armut und Not. Auch Kinder, die keine Armut kennen, werden nicht ernstgenommen, sie sind der Willkür der Erwachsenen ausgeliefert, sie können vieles nicht selbständig erreichen, sie werden leicht verzärtelt, verwöhnt, und ihre Kräfte werden gelähmt. Einige Kinder werden durch Erwachsene erzogen wie ein Prinz mit vielen Dienern, der im Gefängnis sitzt und alles machen darf, was die Fesseln nicht sprengt.

Ohnmacht erfährt ein Kind dadurch, daß keine Versprechen gehalten werden. Meist wird dem Kind eine andere Aufmerksamkeit entgegengebracht als von Erwachsenen zu Erwachsenen. Kinder haben ökonomisch keine Kompetenz, wie auch einige Erwachsene keine haben und weniger oder gar nicht ernstgenommen werden.

Was kann eine Lehrerin, ein Jugendgruppenleiter oder eine zufällige Zuschauerin in Konflikten und Auseinandersetzungen tun?

- *auf Klagen eingehen und diese ernst nehmen*
- *Einflußnahme und Mitsprache ermöglichen*
- *Selbstsicherheit durch Anerkennung vermitteln*
- *Umgang mit Ohnmachtsgefühlen lernen*
- *Verantwortung tragen lassen*

Alle diese Punkte beziehen sich immer auf die Schwächeren in der Gruppe, die meistens leiser sind und so oft vergessen und übergangen werden, zumal sie ihre Schwäche nicht zur Schau tragen.

Das Ziel der nachfolgenden Übungen ist, eigene Stärken und Schwächen auszudrücken und wahrzunehmen. Schwächen können von der Gruppe reflektiert werden und dem jeweiligen Gruppenmitglied neue Stärken für unsichere Situationen geben.

Für die Analyse von Situationen der Unsicherheit und der Entwicklung neuer Ideen ist es nötig, mit dem Fragebogen zur Gewalt aus dem vorhergehenden Kapitel zu beginnen. Für die Ideenentwicklung kann danach die Übung aus dem Kapitel Angst „Austausch über eigene Ängste“ (S. 65) durchgeführt werden.

Vorschlag für einen methodischen Ablauf:

Meine Gewalterfahrungen:
- ▶ Täter-Opfer-Zuschauer
- ▶ *Fragebogen zur Gewalt (S. 44)*

Umgang mit meiner Rolle in Gewaltsituationen:
- ▶ Zeitlupe – slow motion
- ▶ Mit Power durch die Mauer. Leise wie die Maus
- ▶ Waschanlage
- ▶ Bleib mir vom Leibe!
- ▶ *Austausch über eigene Ängste (S. 65)*

Wahrnehmung anderer in Gewaltsituationen:
- ▶ Baumstammlaufen
- ▶ Macht-Ohnmacht-Kreis
- ▶ *Austausch und Ideenentwicklung über unsicheres Verhalten, entsprechend Austausch über Ängste (S. 65)*

Literaturhinweise

Bittl-Drempetic, Karl-Heinz: „Gewaltfrei Handeln“, Nürnberg 1993, 24.80 DM.
Der Autor hat mit dem Buch „Gewaltfrei Handeln“ viele seiner persönlichen Erfahrungen in der Trainingsarbeit spannend und vielfältig dargelegt. Von Grundlagen für die gewaltfreie Trainingsarbeit über Anmerkungen zur gewaltfreien Aktion bis hin zu vielen Methoden für die Trainingsarbeit reicht dieses umfangreiche Basiswerk.

Limmer, Christa; Becker, Dieter; Riebl, Andreas: „88 Impulse zur Gewaltprävention“ ist beim Nordelbischen Jugendpfarramt für 20,– DM erhältlich (Koppelsberg 12, 24306 Plön).
Diese umfangreiche Methodensammlung zur Gewaltprävention bietet einen theoretischen Teil und neun Übungsteile. Sie richtet sich an Pädagoginnen im schulischen wie auch außerschulischen Bereich.

Zeit: 60–90 Minuten

Täter-Opfer-Zuschauer

Kurzbeschreibung:
Auf alltägliche Gewalt haben drei Personengruppen Einfluß: Täter, Opfer und Zuschauerinnen. Wir haben von diesen drei Gruppen ein typisches Bild. Die Übung soll unser typisches Bild aufzeigen und zum Nachdenken über Veränderungsmöglichkeiten anregen.

Ablauf: Die Teilnehmenden werden in drei Kleingruppen aufgeteilt. Jede Gruppe erhält einen Zettel, auf der eine der drei Personengruppen, Täter, Opfer, Zuschauerin steht. Die Kleingruppen sollen jetzt in getrennten Räumen die Assoziationen, die sie mit der Gruppe verbinden, sammeln. Wenn nach 10 Minuten ausreichend Assoziationen gesammelt wurden, sollen sie in Statuen dargestellt werden. Die Gruppen kommen zusammen und stellen nacheinander ihre Statue vor. Die Zuschauerinnen sollen die Statue beschreiben, ohne sie zu interpretieren. Die typischen Merkmale der einzelnen Personengruppen werden auf einer Wandzeitung notiert.
Nachdem alle Statuen gezeigt und beschrieben wurden, gehen die Teilnehmenden in ihre Kleingruppe zurück und versuchen, ihre Wunschvorstellung für ihre Personengruppen zu finden, die wiederum in einer Statue dargestellt werden soll. Die Statuen kommen zusammen, zeigen sich und werden beschrieben.

Auswertung: Was sind die typischen Merkmale der jeweiligen Gruppen? Welche gemeinsamen Wunschvorstellungen gibt es in der Gruppe? Wie sind sie zu erreichen?

Rolle des Teams: Die Teamerin moderiert die Übung und notiert auf der Wandzeitung. Der Teamer beobachtet die Übung und teilt seine Beobachtungen in der Auswertung mit.

Zeit: 20 Minuten

Zeitlupe – slow motion

Kurzbeschreibung:
Diese Übung ist eine Gleichgewichtsübung, bei der es darauf ankommt, durch einen guten tiefen Stand und eine entspannte Haltung in den Knien die eigene Mitte zu finden. Alle Bewegungen werden, wie der Name „slow motion" schon sagt, in Zeitlupe ausgeführt. Die Übung zeigt, daß ein flexibles Mitgehen mit dem Schubsimpuls wesentlich sicherer und angenehmer ist, als eine starre unflexible Haltung einzunehmen.

Ablauf: Die Gruppe steht in einem großen Kreis, die Füße parallel nebeneinander, das Gewicht gleichmäßig verteilt. Langsam beginnt jeder, das Gewicht zuerst nach links, dann nach rechts und nacheinander auf die Fersen nach hinten und auf die Zehenspitzen nach vorne zu verlagern. Die Fußsohlen bleiben immer auf dem Boden. Nach etwa drei Minuten beginnen alle, langsam in Richtung Kreismitte zu gehen. Dabei spielen sie immer wieder mit dem Gewicht und spüren der Verlagerung bei jedem Schritt nach (sehr langsam gehen). Nach weiteren drei bis fünf Minuten geben sich die gerade aneinander vorbei Schleichenden langsam die Hand.
Die Teilnehmenden gehen eine Weile langsam händegebend weiter, bis sie den dann Entgegenkommenden angreifen, das heißt aus seinem Gleichgewicht bringen – immer in „slow motion".
Die Teamer sollten darauf achten, daß die Knie locker sind und die Teilnehmenden entsprechend erinnern. Auch auf die aufrechte Haltung und die Atmung soll geachtet werden.

Variante: Die Übung kann auch in Paaren durchgeführt werden, wobei einer den anderen versucht, durch kleine Schubser aus dem Gleichgewicht zu bringen.

Auswertung: Fragen wie:
- Wo ist mein Gleichgewicht am stärksten?
- Wie stehe ich sicher, wie nicht?

sollten im Paar beantwortet werden.

Rolle des Teams: Ein Teamer sollte von außen beobachten und den Teilnehmern eventuell Hinweise geben.

Zeit: 15 Minuten

Mit Power durch die Mauer. Leise wie die Maus

Kurzbeschreibung:
Mit dieser Übung soll versucht werden, eigene Stärken und Schwächen auszudrücken und wahrzunehmen. Mit Hilfe verschiedener Körperhaltungen und Bewegungen sollen eigene Stärke und Schwäche dargestellt werden.

Ablauf: Alle Teilnehmerinnen gehen durch den Raum, achten auf ihre Körperhaltung, ihre Bewegungen und versuchen, alle Gedanken loszulassen...(Pause). Dann überlegen sie sich eine Situation, in der sie sich schwach fühlten und versuchen, dieses Gefühl in ihr Gehen einfließen zu lassen. Sie gehen zwei Minuten schwach umher. Danach überlegen sie sich eine Situation, in der sie sich stark gefühlt haben und versuchen, das Gefühl entsprechend in der gehenden Bewegung nachzumachen. Wieder gehen sie schweigend zwei Minuten. Jetzt gehen sie wieder normal und erinnern sich an beide Haltungen noch einmal und kehren langsam in den Kreis zurück.

Variante: Eine Situation, in der sich die Teilnehmerinnen schwach gefühlt haben, langsam in eine starke selbstbewußte Gehhaltung verwandeln.

Auswertung: Im Kreis mit der ganzen Gruppe. Wie erging es Euch? Welche Situation fiel Euch schwerer?

Rolle des Teams: Eine Teamerin sollte anleiten, die andere beobachten.

Waschanlage

Zeit: 15 Minuten

Kurzbeschreibung:
Diese Entspannungsübung ist auflockernd und belebend zugleich. Alle Teilnehmer kriechen langsam durch eine Waschanlage, die von den anderen Teilnehmern dargestellt und angetrieben wird. Man kann ruhig jeden zweimal Auto spielen lassen, da die ersten meist nur sehr vorsichtig massiert werden, bis sich das Waschband eingearbeitet hat.

Ablauf: Alle Mitspieler stellen sich mit gegrätschten Beinen und einem Abstand von knapp einem Meter hintereinander auf. Sind es sehr viele, bildet sich ein offener Kreis, ansonsten ist eine Reihe zweckmäßiger. Der letzte der Reihe bzw. des Kreises beginnt, auf allen vieren zwischen den Beinen der anderen durchzukriechen. Nun „waschen" die Stehenden das durchfahrende Auto, das heißt, sie massieren den Kriechenden. Dieser kann durch Massieren der Beine der Waschanlage antworten. Wer durch ist, schließt sich vorne an und wartet auf das nächste Auto.

Variante: Teilnehmerinnen stehen sich gegenüber

Auswertung: keine

Rolle des Teams: Beide Teamer sollten sich diese Übung nicht entgehen lassen.

Zeit: 60 Minuten

Bleib mir vom Leibe!

Ablauf: Die Gruppe teilt sich in Zweierpaare auf, die sich nach Sympathie finden. Sie stellen sich in zwei Reihen gegenüber auf. Sie sollten an jeweils einer Wand stehen, um die weiteste Entfernung im Raum zu nutzen. Für die Mittellinie genügen zwei Stühle, die die Paare nicht behindern, sondern ihnen nur zeigen, wo in etwa die Mitte ist.
Die Partnerinnen bewegen sich aufeinander zu und sollen stehenbleiben, wenn die gegenüberliegende Partnerin deutlich macht, daß sie ihr nicht „weiter auf den Pelz" rücken soll. Die Mittellinie kann zur Orientierung dienen, muß aber nicht eingehalten werden. Die Partner haben nicht die Möglichkeit, aneinander vorbeizugehen. Im ersten Durchlauf ist die eine Wandgruppe die aktivere und die andere zurückhaltend und schüchtern. Im zweiten Durchgang umgekehrt. Nach jedem Durchgang tauschen sich die Paare zuerst untereinander aus. Danach werden noch einmal im gesamten Kreis die Eindrücke von einem der beiden wiederholt. Es geht mit einer erneuten Aufstellung zum zweiten Durchgang.

Variante: Die Übung kann mit bestimmten Situationen, in die sich die Teilnehmenden hineinversetzen sollen, variiert werden: auf dem Weg zur Schule, Weg zur Kneipe, in Hektik, am Strand. Wenn die Übung sehr lebendig verläuft, können auch die Personen noch einmal wechseln.

Auswertung: Wurden die nonverbal signalisierten Grenzen eingehalten? Wie wurde nonverbal deutlich gemacht, daß es dicht genug ist? Welche weiteren Eindrücke hat diese Übung wachgerufen?

Kurzbeschreibung:
Die meisten Gewaltsituationen eskalieren, wenn die nötige Distanz zum Täter aufgehoben wird.
Die nachfolgende Distanzübung schafft durch das eigene Erleben von Nähe die nötige Wahrnehmung. Wann ist etwas zu nah, so daß ich zu einer eigenen Affekthandlung neige (z.B. automatisch die Hände hochreiße)? Das Ziel ist, ein Gespür für die Signale zu bekommen, mit denen andere beim Übergang von der Distanz zur Nähe in eine Abwehrhaltung gehen. Die Übung kann sehr nahegehen, und es ist ratsam, die Teilnehmenden darauf hinzuweisen, behutsam miteinander umzugehen. Die Übung erfordert ein gewisses Vertrauensverhältnis. Bei dieser Übung ist eine Geschlechtertrennung möglich und sinnvoll.

Rolle des Teams: Beobachten. Sammeln von weiteren Fragen für die Gesamtrunde. Zeit vorgeben. Ein Teamer kann mitschreiben, um die Ergebnisse mit anderen Ergebnissen dieser Übungsreihe zum Stark- und Schwachsein zu verbinden. Falls jemand in der Rolle des Aktiveren zu weit geht, sollte die Distanzübung von den Teamerinnen abgebrochen werden.

Zeit: 30 Minuten

Baumstammlaufen

Kurzbeschreibung:
Bei dieser Übung soll versucht werden, über einen gedachten Baumstamm zu balancieren. Die Paare haben unterschiedliche Haltungen (stark/schwach), die sie beim Überqueren des Baumstamms einnehmen. Geübt werden soll, eigene Verhaltensmuster in Konfliktsituationen zu erkennen und mit anderen Verhaltensmustern konfrontiert zu werden. Diese Übung läßt sich gut mit gleichgeschlechtlichen Paaren machen, um die geschlechtsspezifischen Verhaltensweisen zu erkennen.

Ablauf: Es werden Paare gebildet, die sich auf einem auf dem Boden mit Tesa-Krepp markierten Baumstamm gegenüberstehen. Die Person, die die starke Haltung einnimmt, übernimmt die Aufgabe, die andere nicht durchzulassen. Die andere, schwache Person hat die Aufgabe, auf die andere Seite zu kommen. Der Baumstamm darf nicht verlassen werden. Nach der Hälfte der Zeit werden die Stark/Schwach-Haltungen gewechselt. Alle Mittel sind erlaubt, doch darf die eingenommene Haltung nicht abgelegt werden.

Variante: Das Baumstammlaufen kann zweimal durchgeführt werden. Das erste Mal schweigend, das zweite Mal mit Sprache.

Auswertung: In Paaren sollte sich zu folgenden Fragen ausgetauscht werden:

- Wie hast Du Dich bei den Aktionen Deines Gegenübers gefühlt?
- Ab wann spielten die vorgegebenen Haltungen keine Rolle mehr?
- War es schwer, Deine Haltung durchzuhalten?
- Habt Ihr Blickkontakt aufgenommen?
- Was veränderte sich durch den Wechsel vom Schweigen zum Reden?

Rolle des Teams: Beide Teamerinnen sollten die Teilnehmerinnen beobachten und aufpassen, daß niemand verletzt wird.

Macht-Ohnmacht-Kreis

Zeit: 45 Minuten

Kurzbeschreibung:
Macht und Ohnmacht, Stärke und Schwäche haben die verschiedensten Gesichter, und dennoch gibt es Symbole und Ausdrucksweisen, die etwas Typisches signalisieren. Allein mit der Körperhaltung zeigen wir, wie wir uns fühlen. In der Übung sollen die Gesichter von Macht- und Ohnmacht sich gegenüberstehen und aufeinander wirken. Dazu ist es gut, wenn die Gruppe schon einige Körperübungen gemacht hat und daran Freude findet.

Ablauf: Die Teilnehmenden teilen sich in zwei gleich große Gruppen. Die eine Gruppe bildet einen Innenkreis mit dem Blick nach außen, und die andere Gruppe bildet einen Außenkreis und sieht nach innen. Es stehen sich immer eine Person aus Innen- und Außenkreis gegenüber. Alle schließen die Augen. Die Personen im Innenkreis stellen sich vor, sie sind eine ohnmächtige Person, die einem Mächtigen gegenübersteht. Mit geschlossenen Augen nehmen sie langsam die Position in Form einer Skulptur ein. Der Außenkreis stellt sich vor, mächtig zu sein und nimmt ebenfalls eine Position ein, die das Gefühl widerspiegelt. Wenn alle eine Skulptur gebildet haben, öffnen sie die Augen und betrachten einander. Wenn sich die jeweiligen Gegenüber betrachtet haben, geht der Außenkreis im Uhrzeigersinn eine Position weiter und nimmt wieder die Rolle des Mächtigen ein. Das wird so lange fortgesetzt, bis der Außenkreis einmal herum ist.

Auswertung: Veränderten sich die Skulpturen, als sie ihr Gegenüber sahen? Wurden die Mächtigen mächtiger, wenn sie die nackte Ohnmacht sahen? Und wie geht es den Schwachen? Welche Pose wurde am mächtigsten und welche am ohnmächtigsten empfunden?

Erweiterung: 30 Minuten

Ablauf: Wenn der Außenkreis einmal herum ist, setzen sich die Macht-Ohnmacht-Paare in Zeitlupe in Bewegung. Schweigend werden die Bewegungen immer ausdrucksstärker, ohne aber schneller zu werden. Beide Gruppen steigern ihre Rolle, bis sich die Ohnmächtigen erheben und sich den Mächtigen widersetzen. Sie verlassen die Ohnmachtrolle und werden mächtig. Es wird nicht gesprochen, und die Bewegungen bleiben in Zeitlupe. Wenn nur noch Mächtige da sind, endet die Übung.

Auswertung: Welche Macht- und Ohnmachtposen haben sich durch die Dynamisierung verstärkt? Wie haben sich die Ohnmächtigen befreit?

Rolle des Teams: Das Team sollte anhand der Auswertungsfragen beobachten.

„Das Kaninchen vor der Schlange“

Angst: Alarmsignal oder Stoppschild?

Angst ist der Grund, der am häufigsten genannt wird, wenn Menschen erklären, warum sie in eine alltägliche Gewaltsituation nicht eingreifen würden. Sie haben Angst vor körperlichen Schmerzen: „Und dann hab ich das Messer im Bauch." Oder es ist die Angst, sich bei einem Eingriff in einer für sie undurchsichtigen Situation zu blamieren. „Wer weiß, ob das nicht nur Spaß ist und die sich kennen. Und was wohl die anderen Leute denken, wenn ich mich hier aufspiele." Die Angst besteht aber auch, weil es eine Unsicherheit über das eigene Verhalten in einer gewalttätigen Situation gibt. „Was soll ich nur machen? Nachher ist mein Eingriff genau verkehrt, und für das Opfer wird alles nur viel schlimmer."

Angst lähmt unser Denken und macht das Handeln schwer. Wer vor Angst gelähmt ist, sitzt wie das Kaninchen vor der Schlange. Das Kaninchen folgt dem Instinkt: „Bei Gefahr besser ducken." Der Mensch folgt keinen Instinkten und ist trotzdem handlungsunfähig. Was Angst ist und wie ihr im Rahmen der Seminararbeit begegnet werden kann, ist Inhalt des folgenden Artikels.

Ängste werden in diesem Artikel in zwei Arten unterschieden. Die neurotische Angst und die Signalangst. Die neurotische Angst entsteht durch Verschiebung von Angst, während die Signalangst auf eine bestehende Gefahr hinweist, auf die es zu reagieren gilt. Die neurotische Angst spiegelt eine eingebildete oder verschobene Angst wider. Als verschoben und damit neurotisch gilt eine Angst, „wenn das als angstauslösend erlebte Objekt nur deshalb gefürchtet wird, weil man sich vor ihm scheinbar gefahrloser fürchtet als vor der eigentlichen Angstquelle"(Bauriedl,1986). Die Verschiebung der Angst führt zunächst zu einer Verharmlosung der wahren Angstquelle, die in der Konfliktsituation selbst liegt. Für diese Verschiebung von Ängsten gibt es auf gesellschaftlich-politischer und individueller Ebene unterschiedliche Beispiele. Die eigene Angst vor der Armut wird verdrängt und auf die projiziert, die arm sind. Der Bettler an der Straßenecke weckt unangenehme Gefühle. Kommt noch der Umstand hinzu, ihm alleine in der Nacht zu begegnen, so wird daraus schnell die Angst, vom Armen des eigenen Geldes beraubt zu werden. Was so auf individueller Ebene eine Verschiebung der Angst sein kann, geschieht in großen Dimensionen in der Politik. Die Angst vor der Arbeitslosigkeit wird auf die vermeintliche Konkurrenz aus dem Ausland verschoben. Es entsteht ein Feindbild. Aufgabe von Politikern scheint es zu sein, selbst nicht ängstlich zu werden und dafür zu sorgen, daß die Bevölkerung ruhig und zufrieden sein kann. Das Individuum darf seine (unbewußten) Ängste nur zu therapeutischen Zwecken ans Tageslicht rücken, um sie zu bearbeiten und aufzulösen. Die Angst stört und muß über Beschwichtigungen und Versprechungen der Politiker beseitigt (verschoben) oder durch die Ärztin therapiert werden.

Beide Vorstellungen gehen davon aus, daß Angst gefährlich und überflüssig ist. Das ist falsch. Ängste sind bedeutende Gefühle, die eines sensiblen Umgangs mit ihnen bedürfen. Wie z.B. mit einem Feindbild umgegangen werden kann, beschreiben wir im folgenden Kapitel. Ziel dieser Broschüre kann es aber nicht sein, die Umgehensweise mit neurotischen Ängsten ausführlich zu behandeln. Es bleibt hier der Hinweis, daß eine verschobene Angst zu einem Kampf gegen Angstursachen führt, die keine sind. Wichtig im Umgang mit der eigenen Angst ist daher, sich der echten Ängste bewußt zu werden und die Verhaltensweisen der Konfliktparteien aufgrund ihrer Befürchtungen und verschobenen Ängste zu verstehen. Dies wird ausführlicher in dem Kapitel zur Empathie beschrieben.

Menschen haben Angst und Furcht vor Fremden und Fremdem. Es sind nicht unbedingt fremde Menschen, die uns Angst machen, sondern fremdes Verhalten oder anderer Umgang. Diese Furcht aktiviert bei uns nicht nur Abwehr und Flucht, sondern auch Neugierde und Kontaktaufnahme. Besonders in Großstädten ist dieser Widerspruch von Furcht und Neugierde zu beobachten. In Großstädten leben Massen von Menschen sehr eng beieinander, und immer mehr Menschen wollen dort leben. In dieser Tendenz ist ein gewisses Bedürfnis nach Nähe zu erkennen. Im Widerspruch zur gewünschten Nähe steht das Ergebnis einer Untersuchung von Bornstein und Bornstein. Sie stellten einen linearen Zusammenhang zwischen Bevölkerungsdichte und der Flucht voreinander fest (Eibl-Eibesfeldt, 1982, in: „Echt kraß!", S. 102). Je enger Menschen zusammenleben, desto schneller bewegen sie sich, als seien sie voreinander auf der Flucht. Im großstädtischen Verkehrsverhalten setzen die Menschen gerne eine Maske auf, sie weisen den Kontakt ab und nehmen sich keine Zeit füreinander, statt dessen laufen sie permanent voreinander her (wenn sie nicht gerade im Stau stehen!).

Die Signalangst ist ein wichtiges und notwendiges Zeichen dafür, daß wir unsere eigene Grenze erreicht haben. Wir spüren, wenn wir Angst haben, den ursprünglichen biologischen Sinn. Der Organismus wird körperlich und gefühlsmäßig aktiviert. Das Herz schlägt schneller, wir bekommen den Drang aufs Klo und Schweißausbrüche. Der Körper stellt sich auf Flucht oder Kampf ein. Der ursprünglich biologische Sinn von Angst läßt nur diese beiden Alternativen zu. In unserer heutigen komplexen Welt gibt es vielfältige Möglichkeiten, auf eine angstmachende Bedrohung zu reagieren. Flucht oder Kampf wäre bei der Furcht vor einer Klausur nicht gerade angemessen, und auch wenn die Angst vor dem Zahnarzt einen nicht gerade in den Behandlungsstuhl treibt, sollte ein Kampf mit der Ärztin tunlichst unterbleiben. Angst soll ihre Funktion als Alarmsignal behalten, sie darf aber in Situationen, in denen unsere Standfestigkeit und unsere Hilfe gefordert ist, nicht zum Stoppschild werden. Die Angst an sich ist also nicht gefährlich. Sie ist auch nicht überflüssig oder ein Irrtum. In einer Welt, die gefährlich ist, ist die Angst ein notwendiges Signal.

Wie kommt es nun, daß viele Menschen in Situationen von alltäglicher Gewalt wie das Kaninchen vor der Schlange sitzen? In einer Gewaltsituation herrscht Unsicherheit darüber, was geschehen wird. Die Konsequenzen für diejenige, die eingreift, sind nicht zu überblicken. Sie sind unsicher, und damit ist die Situation nicht zu kontrollieren. Wenn aber die Kontrolle und die Sicherheit über das eigene Handeln verlorengeht, folgt Hilflosigkeit. Der Zuschauer in einer Gewaltsituation fühlt sich hilflos, weil er den Eindruck hat, daß das Ereignis unabhängig davon eintritt, ob er eingreift oder nicht. Es ist sein Eindruck, daß es ein Opfer geben wird, und das möchte er nicht selber sein. Jedes Handeln scheint zwecklos. Die Zuschauerin und das Opfer bauen sich so Mauern der Hilflosigkeit. Sie sitzen in einem Gefängnis, und die Mauern zeigen an, daß egal was sie tun, sinnlos ist. Das Gefängnis hat einen Ausgang, aber es kommt ihnen nicht in den Sinn, aus ihrer Ecke aufzustehen und nachzusehen, ob die Tür offen ist. In aller Regel steht das Tor weit offen, und es ist notwendig, das Gefühl, handeln zu können, zurückzuerobern. Der ängstliche Mensch muß subjektive Handlungsmöglichkeiten zurückgewinnen, was ihm in mehreren Schritten gelingen kann.

Der erste Schritt ist, sich der eigenen Ängste bewußt zu werden. Eine Verhaltensänderung in gefährlichen Situationen wird leichter fallen, wenn die Ursache für die eigenen Ängste bekannt ist und auch die körperlichen Symptome bewußt durchlebt wurden.

In einem zweiten Schritt sollten die eigenen Ängste mit anderen besprochen werden. Sich über Unsicherheiten auszutauschen, schafft die erste Möglichkeit, sich zu solidarisieren und über neue Umgehensweisen nachzudenken.

Der dritte Schritt kann die konkrete Vorbereitung auf eine Situation sein, in der immer wieder Angst erlebt wird. Was macht die Situation aus, und wie sind die Gefühle der anderen in dieser Situation? Nach einer gedanklichen Vorbereitung, die immer alternative Verhaltensweisen beinhalten soll, kann die Angstsituation in Übungen und einem Rollenspiel geübt und nachvollzogen werden.

Die folgenden Übungen sollen die genannten Schritte begleiten. Es sind Übungen, die helfen, sich der Angst bewußt zu werden und die die körperlichen Symptome (fast spielerisch) hervorrufen und so vertrauter machen. Angst ist in der Gesellschaft noch immer ein Tabuthema. Die eigenen Ängste zugeben heißt, eine Schwäche zeigen und sich angreifbar machen. Gerade Jungen werden immer noch dazu erzogen, sich weniger mit ihren Gefühlen, Bedürfnissen und Ängsten zu beschäftigen. Das macht die gemischtgeschlechtliche Diskussion unter Umständen schwierig, und Jungen fällt es leichter, in einer Jungengruppe über die eigenen Ängste zu reden. Wir stellen in diesem Kapitel auch Übungen vor, die das Vertrauen zu anderen Teilnehmenden und sich selbst fördern sollen.

Vorschlag für einen methodischen Ablauf:

Ängste bewußtmachen und körperliche Symptome erfahren:
- ▶ Die Geschichte mit der Angst war ...
- ▶ Sturz in den Abgrund
- ▶ Blind laufen

Über Ängste reden und über neue Umgehensweisen nachdenken:
- ▶ Angstgedicht (Handout Angst)
- ▶ Austausch über eigene Ängste

Sich auf Ängste vorbereiten:
- ▶ Blind führen
- ▶ Nacht der Vampire

Literaturhinweise

„Echt kraß". Arbeits- und Unterrichtsmaterial zu den Themen Angst und Gewalt, Hrsg.: Berliner Institut für Lehrerfort- und -weiterbildung und Schulentwicklung, Berlin 1994, 272 S., 24,80 DM, paperback.
Das Buch stellt das Ergebnis einer Ausstellung dar und ist mit vielen Bildern und Graphiken versehen. In dem Kapitel Angst werden verschiedene didaktische Materialien vorgestellt, wobei die begriffliche Einordnung sich stark an der sprachlichen Verwendung der Worte Furcht und Angst orientiert.

Blum, Heike und Knittel, Gudrun: „Training zum gewaltfreien Eingreifen gegen Rassismus und rechtsextreme Gewalt". Eine Methodensammlung und Diskussionsanregung, Hrsg.: Kölner Trainingskollektiv, Köln 1994, 166 S., DM 25,–, paperback.
Nach einer kurzen Einführung in die Begriffe von Gewalt und Gewaltfreiheit folgt eine große Anzahl von Übungen, die in der Auswahl und Beschreibung die umfangreichen Erfahrungen der Autorinnen deutlich widerspiegeln.

Zeit: 30 Minuten

Die Geschichte mit der Angst war ...

Kurzbeschreibung:
Über Angst zu reden, fällt nicht jedem leicht. So ist es zunächst einfacher, mit relativ kurzen Aussagen zu beginnen und sie relativ unpersönlich zu sammeln. Die Sammlung ergibt einen guten Arbeitsspeicher für kommende Übungen.

Ablauf: Auf je ein Wandzeitungspapier werden die Sätze formuliert: *„Angst bedeutet...."* und *„Mir macht (es) Angst, wenn....".* Die Teilnehmenden werden aufgefordert, die Sätze still für sich zu vollenden und auf ein Blatt Papier zu schreiben. Wer möchte, gibt sein Blatt Papier in die Mitte. Die Teamerin liest die Sätze vor und schreibt sie untereinander auf die Wandzeitung. Dabei sollte sie darauf achten, daß die Aussagen anonym bleiben. Die Teamerin kann in der Moderation bereits ankündigen, daß die Aussagen anonym bleiben. Die Texte bleiben als Sammlung hängen.

Auswertung: Die Aussagen bleiben als Sammlung unkommentiert hängen. Die Teilnehmenden erhalten je fünf Klebepunkte, die sie hinter die Aussagen kleben können, mit denen sie übereinstimmen. Das Ergebnis kann dazu dienen, daß an diesen Themen weitergearbeitet wird. Es kann aber auch nur das Bild in der Gruppe deutlich machen. Wozu das Ergebnis dient, sollte auf jeden Fall vorher angesagt werden.

Rolle des Teams: Das Team moderiert die Übung und notiert die Aussagen auf der Wandzeitung. Es kann die eigenen Ängste ebenfalls auf einem Zettel notieren und einbringen.

Zeit: 30 Minuten

Sturz in den Abgrund

Kurzbeschreibung:
Angst löst deutliche körperliche Symptome aus. Sie zu spüren und zu überlegen, welche Wirkung sie haben, ist eine gute Vorbereitung auf Angst. Die Symptome werden vertrauter und lenken weniger von der tatsächlichen Angstursache ab. Die Übung läßt Angst spüren und stärkt das Vertrauen in die Gruppe. Es muß schon ein erstes Vertrauensverhältnis bestehen.

Ablauf: Für die Übung werden sieben Personen benötigt. Eine von ihnen steigt auf einen Tisch. Die anderen sechs stellen sich parallel zueinander vor den Tisch und reichen sich paarweise die Hände. Die Person auf dem Tisch läßt sich in die Arme der Stehenden fallen und wird aufgefangen. Jetzt kann getauscht werden, so daß jede, die möchte, sich fallen lassen kann. Die Übung kann auch wiederholt werden. Dabei zeigt sich der Effekt, daß die Angst mit Dauer der Übung immer weiter abnimmt und das Vertrauen in die Gruppe steigt.

Auswertung: In der Gruppe soll über die körperlichen Symptome gesprochen werden und darüber, welche besonders unangenehm und störend wirken. Auch das Vertrauen in die Gruppe kann besprochen werden.

Rolle des Teams: Das Team kann an der Übung teilnehmen, sollte aber stets darauf achten, daß die vertrauensvolle Atmosphäre erhalten bleibt.

Blind laufen

Zeit: 75 Minuten

Kurzbeschreibung:
Als Alternative zum „Sturz in den Abgrund" kann das „Blind laufen" gewählt werden. Die Übung erfordert von den Teilnehmenden etwas mehr Mut als der Sturz vom Tisch, und die empfundenen Angstsymptome sind entsprechend stärker. Für die Übung sind mindestens 15 Personen notwendig, die ein erstes Vertrauensverhältnis zueinander haben. Eine Aufwärmübung am Übungsort sollte stattfinden, damit das Gelände nicht völlig unbekannt ist.

Ablauf: Als Spielort eignet sich eine größere Freifläche mit nicht allzu holprigem Boden. Die Gruppe stellt sich in einem U mit einem Durchmesser von 10 - 15 Metern auf. Der Abstand der Personen zueinander sollte nicht mehr als zwei Meter betragen. Eine Freiwillige stellt sich als Ü-Tüpfelchen auf und bekommt von einer Helferin die Augen verbunden. Die Person wird mehrfach gedreht, damit sie die Orientierung verliert. Mit verbundenen Augen soll sie jetzt ins U laufen, so schnell sie kann und es sich zutraut. Wenn sie das U erreicht, sollen die anderen sie mit ausgestrecktem Arm hinweisen, daß sie das U erreicht hat. Es geht nicht darum, sie völlig aufzufangen. Die Person soll selbst stoppen. Mit den Armen wird lediglich das Anzeichen dafür gegeben, daß das Ende erreicht wurde. Nach dem U sollte ausreichend Raum vorhanden sein, damit die laufende Person Platz zum Stoppen hat. Nach und nach läuft so jede Person, die es mag, mit verbundenen Augen ins U.

Auswertung: In Kleingruppen von drei bis vier Personen sollten folgende Fragen besprochen werden:

- Wovor hatte ich Angst?
- Was für körperliche Symptome hatte ich?
- Was hätte mir die Situation einfacher gemacht?

Rolle des Teams: Das Team kann an der Übung teilnehmen. Es sollte aber auf die vertrauensvolle Atmosphäre und die Reaktionen der Teilnehmenden achten.

Angst

Wenn Angst ein Gesicht hätte,
wäre es ein Totenkopf
mit gefletschten Zähnen.
Wenn sie Beine hätte, dann Spinnenbeine.
Am liebsten bewegt sie sich in der Nacht.
Aber auch in der Schule und auf der Straße
lebt die Angst.
Sie ist uralt,
so alt wie das Leben selbst.
Der Krieg gefällt ihr sehr.
Wenn Krieg ist,
wird sie in jedes Haus eingelassen
und darf überall mitessen.

Besonders Kinder beschleicht die Angst oft.
Ehe du dich versiehst,
steht sie neben Dir und
berührt dich mit ihren kalten Fingern.
Sie ist wie ein Kloß in deiner Kehle,
Bauchweh und Tränen.

Am besten ist,
du siehst der Angst gerade ins Gesicht.
Das mag sie gar nicht.
Geh und erzähl gleich jemandem von ihr.
Was macht Dir Angst?
Vielleicht hat Deine Freundin auch Angst?
Dann könnt ihr zusammen
mit den Zähnen klappern
und euch darüber unterhalten.

Das kann die Angst nicht leiden:
Wenn Kinder sich zusammentun.
Wenn Du Deinen Eltern von ihr erzählst.
Wenn Du Dich wehrst,
gegen das,
was Dir Angst macht.

Freya Stewart

Quelle: „Echt kraß"

Arbeitsfragen (Zeit: 45 Minuten):

1. Im ersten Teil beschreibt Freya Stewart die Angst. Stimmt Ihr ihrer Beschreibung zu? Wie würdet Ihr Angst beschreiben?

2. Im zweiten Teil beschreibt Freya Stewart, was gegen Angst getan werden kann. Was davon erscheint Euch hilfreich?

3. Sammelt Ideen für die letzten sechs Zeilen des Gedichtes!

Zeit: 120 Minuten

Austausch über eigene Ängste

Kurzbeschreibung:
Sich der eigenen Ängste bewußt werden und sich mit anderen darüber austauschen ist ein wichtiger Schritt, um konstruktiv mit Ängsten umzugehen. Die eigene Angst sich und anderen zuzugestehen, fällt vielen schwer. Es sollte daher unbedingt eine vertrauensvolle Atmosphäre geschaffen werden, und die Teilnehmenden sollten sich klar darüber sein, daß sie sich ihre eigenen Grenzen setzen können. Ängste werden von Männern und Frauen oft unterschiedlich erlebt. Daher empfehlen wir, daß Frauen- und Männergruppen gebildet werden. Ansonsten sind die Paare und Gruppen nach Sympathie zu bilden.

Ablauf: Die Personen sollten sich für etwa 10 Minuten still mit der Frage beschäftigen, was ihnen Angst macht. Wenn die Teilnehmenden dazu einige Gedanken notiert haben, wählen sie eine Angstgeschichte aus und beschreiben sie in ein bis zwei Sätzen auf einem Blatt Papier. Das Papier wird in die Mitte gelegt, und jede nimmt sich jetzt einen Zettel (nicht den eigenen). Die Ängste werden still gelesen, und jeder schreibt eine kurze Notiz, was bei dieser Angst vielleicht helfen könnte. Nach dieser Notiz wird das Blatt wieder in die Mitte zurückgelegt und ein neues genommen. Die Teilnehmenden geben sich schriftlich 5 Tips, d.h. sie kommentieren 5 Ängste. Alle bekommen ihren Zettel zurück und können die Notizen darauf lesen. Bis zu diesem Zeitpunkt läuft die Übung schweigend ab. Jetzt sucht sich jede Person einen Partner nach Sympathie. Sie haben zusammen 20 Minuten Zeit, sich über die eigene Angst und die geschriebenen Tips auszutauschen. Nach dieser etwa neunzigminütigen Arbeitsphase ist eine Pause nötig, die mit einer gemeinsamen Vertrauensübung enden kann.

Die Ergebnisse der Paardiskussion können nach der Pause dem Plenum vorgestellt werden. Dabei entscheidet jede, wieviel sie über ihre Ängste und die Tips erzählen möchte. Die Ängste und die Vorschläge werden auf einer Wandzeitung gesammelt. Der Vorstellung und Sammlung sollte eine kurze Diskussion im Plenum folgen.
Die Übung wird Situationen ergeben, die für die Teilnehmenden eine große Bedeutung haben. Diese Themen sollten in späteren Einheiten oder Gruppenstunden wieder aufgenommen werden. In unserer Seminararbeit nutzen wir an dieser Stelle Theater- und Rollenspielformen.

Auswertung: Ein Blitzlicht sollte diese intensive Beschäftigung mit den eigenen Ängsten beenden.

Rolle des Teams: Das Team nimmt an der Übung nicht teil. Es sollte aber die Teilnehmenden gut beobachten. Die Übung erfordert besonders vom Team sehr viel Sensibilität für die Gruppenstimmung.

Blind führen

Zeit: 45 Minuten

Kurzbeschreibung:
Blind sein bedeutet, eines der Sinne beraubt zu sein. Wir müssen auf andere Sinne zurückgreifen und uns auf sie und auf andere Menschen verlassen. Blind sein ist uns fremd und kann Ängste auslösen. In der Übung „berauben" sich die Teilnehmenden eines Sinnes und vertrauen sich einem (nicht ganz fremden) Menschen an.

Ablauf: Die Teilnehmenden finden sich in Paaren nach Sympathie zusammen. Einem Partner werden die Augen verbunden. Er wird jetzt 15 Minuten durch Haus und Garten geführt. Dabei führt die Führerin den Blinden, indem sie eine Hand nimmt und ihre andere Hand auf den Rücken legt. Sie kann den Blinden Dinge ertasten lassen, zum Fühlen und Riechen animieren. Beide sprechen nicht, damit sich der Blinde besser auf sein Gehör konzentrieren kann. Nach 15 Minuten werden die Rollen getauscht.

Auswertung: In den Paaren sollten sich die Partnerinnen darüber austauschen, ob und an welchen Stellen sie Ängste oder Unsicherheiten hatten und wie es als Führerin war, auf die Ängste des anderen zu achten.

Rolle des Teams: Das Team leitet an und beobachtet die Gruppe. Die Übung sollte in einer ruhigen und vertrauensvollen Atmosphäre beginnen. Das Schweigen soll erst nach Ende der Übung aufgehoben werden.

Nacht der Vampire

Zeit: 30 Minuten

Kurzbeschreibung:
Blind zu sein bedeutet, sich anders bewegen zu müssen. Leicht geschieht etwas, das wir nicht vorhersehen können, mit dem wir aber rechnen müssen. Daß etwas mit uns sicher passiert, wir aber nicht wissen, wann und wie, macht uns ängstlich und unsicher. In dieser Übung greift ein Vampir seine ahnende und unsichere Beute an.

Ablauf: Allen Teilnehmenden werden die Augen verbunden. Sie bewegen sich so schnell sie mögen durch den Raum. Eine Person ist vorher heimlich zum Vampir bestimmt. Dieser Vampir, dessen Augen nicht verbunden werden, beißt mit zwei Fingern und einem gellenden Schrei seine blinden Opfer. Ein gebissenes Opfer wird zum Vampir. Es irrt weiter im Raum umher, und wann immer es auf eine andere Person trifft, stößt es einen gellenden Schrei aus. Nur der erste Vampir darf aber neue Vampire mit dem Fingerbiß „schaffen". Treffen sich zwei Neuvampire und schreien sich an, so werden sie wieder normale Menschen.

Auswertung: Die Übung ist turbulent und hat für manchen Spielcharakter, sie kann aber auch sehr nahegehen. Die Auswertung sollte daher mit einem Blitzlicht beginnen. Danach sollte gefragt werden, welche Ängste bestanden und wie mit Situationen umgegangen werden kann, in denen unklar ist, wann die Gefahr, die beständig lauert, zuschlägt.

Rolle des Teams: Beide sollten an der Übung nicht teilnehmen. So kann eine Person moderieren und die andere beobachten und evtl. helfend eingreifen.

„... bürokratisch und stolz"

Vorurteil und Feindbild

Wer ist das?

Er hat große Füße, trinkt gerne Bier und ist ein Kartoffelesser mit dickem Bauch. Er hat keine Phantasie und kein Temperament. Er ist eher schwerfällig. Er liebt Volksmusik und tritt in Gruppen quadratisch geordnet auf. Er ist fleißig, bürokratisch und stolz auf seinen Wohlstand und die geistigen Größen seines Vaterlandes.

Des Rätsels Lösung:

Das bist Du, der typische Deutsche aus der Sicht einiger Ausländer.

Quelle: „Echt kraß"

Der Begriff „Vorurteil" bezeichnet eine hartnäckige Einschätzung von Personen oder Personengruppen. Vorurteile sind auf eine ganze Gruppe verallgemeinerte Aussagen. Sie können positiv oder negativ sein und stimmen mit der Wirklichkeit nicht oder nicht voll überein.

Ein Vorurteil ist nicht die Meinung, die ein Mensch allein hat, sondern es ist die gemeinsame Meinung einer Gruppe. Vorurteile werden von Gruppen gebildet. Jeder, der zu einer Clique gehört und gerne darin bleiben möchte, richtet sein Handeln und seine Einstellung an dieser Clique aus. Abweichende Meinungen werden in der Clique nur bis zu einem gewissen Grad geduldet. Bin ich also mit der Clique nicht mehr einer Meinung, muß ich meine Meinung zurückstellen, oder ich kann die Clique verlassen. Gleichzeitig ist die herrschende Meinung in der Clique nur schwer zu beeinflussen. Genauso schwer lassen sich Vorurteile ändern. Die Meinung, daß Franzosen gute Köche und großartige Liebhaber seien, wird sich genauso schwer korrigieren lassen wie die Vorstellung, die Deutschen seien Bürokraten. Menschen suchen nach Bestätigung und registrieren besonders die Dinge, die ihre Bilder und Vorstellungen von der Welt bestätigen. Sie nehmen selektiv wahr. Wenn das Vorurteil besteht, daß Franzosen gute Köche sind, dann wird das Essen in einem französischen Restaurant besonders gut schmecken. Sollte das Essen tatsächlich schlecht sein, so stellt der Gast Vermutungen darüber an, warum der Koch gerade heute seinen schlechten Tag hat und glaubt an die berühmte Ausnahme, die die Regel bestätigt (oder er vermutet, daß der Koch gerade verliebt ist).

Um die komplexe Umwelt überschaubar und einfach zu gestalten, bilden Menschen Kategorien. Diese Kategorien sind für sie notwendig. Sie erleichtern die Wahrnehmung, weil bei einer Begegnung mit einem unbekannten Menschen nicht alles neu erforscht werden muß. Es genügt eine Schublade, in die die Leute gesteckt werden. Wenn sich zwei Leute auf der Straße begegnen, nehmen sie eine erste Einschätzung vor. Eine Autonome mit Lederjacke und Haßkappe wird anders eingeschätzt als ein Skater. Das Handeln wird danach ausgerichtet, welche Schublade für diese Personengruppe gebildet wurde. Wenn die „Autonomenschublade" sagt, daß Autonome nette Leute sind, weil sie die Revolution wollen und für die internationale Solidarität eintreten, dann kann ich locker auf die Autonome zugehen. Sagt die Schublade aber, daß Autonome sinnlos gewalttätig werden, dann suche ich lieber das Weite. Je nach Schublade werde ich entweder offen auf die Autonome zugehen oder ihr ausweichen. Kategorien geben Handlungssicherheit. Würden die Leute keine Kategorien bilden und sich allen gegenüber gleich verhalten, würde die Unsicherheit über unser Handeln und die Reaktionen der anderen zunehmen. Die Schublade hat also auch einen positiven Effekt. Kategorien dürfen aber nicht so starr sein, daß eine Person, die in einer Schublade gelandet ist, dort ewig liegen bleibt. Die Schwierigkeit ist, sich seiner Schubladen bewußt zu sein und immer wieder kritisch zu prüfen, wer in welche wandert und ob die, die drin sind, auch wirklich da hineingehören.

Feindbilder sind ein Muster für unser Denken über gesellschaftlich-politisches Geschehen. Das Feindbild ist immer ein negatives Bild über eine Personengruppe oder ein ganzes Volk. Wie Vorurteile beruhen auch Feindbilder nicht auf Tatsachen, sondern sind emotional geprägt und rational nicht zu erklären. Das Feindbild beinhaltet das Gefühl, bedroht zu werden, und liefert eine Rechtfertigung, sich zu wehren oder gar anzugreifen. Lange Jahre war das gängige Feindbild „der Kommunismus". „Der Kommunismus" wurde als aggressive Ideologie gesehen, die uns alle beherrschen wolle. Heute ist das Feindbild „Kommunismus" nicht mehr bedeutend; inzwischen ist ein neues Feindbild aufgetaucht. Es ist „der Fundamentalismus". Nach diesem Feindbild stellen angeblich fanatische Kämpfer des Islams eine Bedrohung für die westliche Welt dar.

In unserem Beispiel stehen sich „der islamische Fundamentalismus" und „die westliche Welt" gegenüber. Das Feindbild entspricht in der Regel einem direkten Widerspruch zu den geltenden Normen der eigenen Gruppe. Das Gegenstück zum Feindbild ist das Freundbild, also das Bild, das ich von mir selbst habe. Dieses erfährt eine besondere Stärkung, wenn das Feindbild besonders ausgeprägt und bedrohlich ist. „Die Fundamentalisten" sind aggressiv, fanatisch und irrational. Die Eigenschaften, die sich christlich geprägte Gesellschaften zusprechen, sind Frieden, Zurückhaltung und Rationalität. Das subjektive Bedrohungsgefühl durch „Fundamentalisten" kann eine Voraussetzung für das Zusammengehörigkeitsgefühl einer Gruppe oder Gesellschaft sein.

Die Angst und das Bedrohungsgefühl sind nach psychoanalytischer Sicht nicht durch den Feind selbst entstanden. Die Angst vor dem Fremden ist die eigene Angst, etwas nicht zu erhalten oder einen Anspruch nicht erfüllen zu können. Jede einzelne versucht, übergroße Ängste zu reduzieren, in dem sie sie auf gezeigte Feinde verschiebt. Die Angst, keine Arbeit zu finden, mißt sich an dem Anspruch der Gesellschaft, daß Arbeit wichtig ist, um etwas zu gelten. Wer keine Arbeit findet, ist nicht in der Lage, etwas zu leisten, und versagt vor dem Leistungsprinzip. Die Angst vor dem Nichterfüllen der gesellschaftlichen Norm wird auf den vermeintlichen Konkurrenten aus dem Ausland übertragen. Die Angst vor der Arbeitslosigkeit wird auf diejenigen Leute verschoben, die einem den Arbeitsplatz streitig machen.

Feindbilder entstehen, weil Menschen nicht miteinander reden, sondern übereinander. Sie werden nicht aus der eigenen Erfahrung gebildet, sondern lange vor dem ersten Kontakt durch Freundinnen, Eltern und Lehrer gelernt. Der Kontakt zu den Leuten, über die ein Vorurteil besteht und die als Feind bezeichnet werden, ist gering. Oft wird der Feind als so weit weg empfunden, daß eine Kontaktaufnahme unmöglich erscheint.

Das Feindbild und die damit verbundenen Ängste führen so weit, daß der Wunsch, mit dem Feind in eine direkte Auseinandersetzung zu kommen, gar nicht erst entsteht. Im Gegenteil: Der Feind muß abgewehrt oder verdrängt werden. Seine Ängste und Bedürfnisse werden nicht mehr wahrgenommen. Der „Asylant" bleibt die Person, die mit vielen anderen um Sozialleistungen konkurriert. Ist der Asylant verschwunden, so ist ein Konkurrent beseitigt. Der Flüchtling, der vor Krieg und Hunger geflohen ist, seine Heimat aufgegeben und Haus und Familie verlassen hat, wird nicht gesehen. Er ist „Asylant".

Mit Feindbildern wird politisch gearbeitet. Politische Propaganda hilft bei der Verschiebung von Angst. Dabei werden Bilder vom Gegenüber erstellt, die schematisch sind und den wahren, komplexen Verhältnissen der Situation und der Motivation des „Feindes" nicht entsprechen. Jede Manipulation zur Schaffung eines Feindbildes, sei sie bewußt oder unbewußt, beruht auf der Verschiebung von Ängsten. Teilweise wird die Wahrnehmung der Ängste sogar als Argument für die Verschiebung genannt: „Wir wissen ja, daß unsere Bevölkerung Angst hat, deshalb haben wir ja das Asylrecht geändert." Was die Ängste der Bevölkerung wirklich sind, wird nicht besprochen. Es folgt sofort die Verschiebung auf das

Feindbild „Asylant“.

Wie Vorurteile sind Feindbilder innerhalb einer bestimmten gesellschaftlichen Konstellation nicht so leicht zu verändern. Die Aufarbeitung von Feindbildern kann nicht darin liegen, daß sie theoretisch nachgeprüft und im Feindbild Lüge, Irrtum oder Informationsmangel nachgewiesen werden. Feindbilder sind nicht an den Maßstäben „Wahrheit“ oder „Wirklichkeit“ zu messen. Sie bleiben stabil, weil die Informationen über die mit dem Feindbild belegte Gruppe selektiv wahrgenommen werden. Es wird das wahrgenommen, was das Bild bestätigt. Alle anderen Informationen werden so umgedeutet, daß sie dem Feindbild wieder entsprechen.

Wir können in dieser Broschüre nicht gegen die gängigen Vorurteile oder Feindbilder Argumente aufzeigen. Gegen ein Feindbild anzuarbeiten ist nicht leicht, da besonders die Informationen zur Kenntnis genommen werden, die das Feindbild bestätigen. Uns ist es wichtig, die eigenen Vorurteile herauszufinden und dadurch einen bewußten Umgang mit ihnen zu ermöglichen. Außerdem möchten wir zeigen, daß die Unterschiede, die zwischen Menschen bestehen, etwas Selbstverständliches und Schönes sind. Das heißt nicht, daß es nicht auch Konflikte aufgrund der Unterschiede gibt. Konflikte wird es immer geben. Wir möchten aber zwischen Feind und Gegner unterscheiden. Ein Feind ist jemand, den ich hasse und dem ich automatisch Böses unterstelle. Er will nie etwas Gutes und muß daher bekämpft werden. Wir glauben nicht, daß es diese Feinde geben muß. Wir sehen in einem Konflikt in der anderen eine Gegnerin. Sie ist ein Gegenüber, das ebenfalls Interessen, Wünsche, Ängste und Hoffnungen hat. Vielleicht sind die Interessen und Ängste sogar ganz ähnlich. Was den Gegner vom Feind unterscheidet, macht ein Fußballspiel deutlich. Es gibt zwei Mannschaften, die beide das gleiche Ziel haben. Die Lederpocke soll ins Tor. Dabei haben sie unterschiedliche Interessen, denn es geht um das jeweils gegnerische Tor. Die Ängste sind dagegen sehr ähnlich: sich ein Tor einzufangen, gefoult oder ausgepfiffen zu werden. Trotz starker Gegnerschaften sprechen wir beim Sport nie vom Feind. Der Gegner ist nämlich genau bekannt. Für alle ist deutlich, wer es ist und welche Interessen er hat. Der Feind hingegen bleibt oft diffus, ein unbekanntes Wesen.

Vorschlag für einen methodischen Ablauf:

Einführung:
- ▶ *Die drei Musketiere (S. 93)*

Eigene Feindbilder erkennen:
- ▶ Schubladen (Handout Feindbild 1)
- ▶ Mein Feind – my enemy

Entstehung und Analyse von Feindbildern:
- ▶ Fischglas
- ▶ Feindbilder in Karikaturen (Handout Feindbild 2 und 3)
- ▶ „Ich weiß nichts über den Islam, aber...“ (Handout Feindbild 4)

Unterschiede akzeptieren:
- ▶ Unterschiede beklatschen

Literaturhinweise

Hippler, Jochen; Lueg Andrea: „Feindbild Islam“, Konkret Literatur-Verlag, Hamburg 1993, 205 Seiten, paperback, ca. DM 25,–.
Das Buch beinhaltet eine Sammlung von verständlich geschriebenen Artikeln, die sich mit dem Feindbild Islam beschäftigen. Dabei gelingt es den Autoren, sich mit der Entstehung und politischen Nutzung von Feindbildern ebenso zu beschäftigen wie Vorurteile über den Islam auszuräumen.

israel & palästina, Zeitschrift für Dialog, „Feindbilder. Arabische und deutsche Karikaturen zum Zweiten Golfkrieg“, Heft-Nr. 8/92, 95 Seiten, DM 4,—.
In der Zeitschrift wird in kurzen einleitenden Kapiteln beschrieben, wie Feindbilder produziert werden und welche Bedeutung die Karikatur dabei im 20. Jahrhundert hatte und hat. Es folgt eine umfangreiche Darstellung und jeweils sehr treffende Analyse von deutschen und arabischen Karikaturen, die die zuvor theoretisch erläuterten Prozesse sehr gut verdeutlichen. Das abschließende Kapitel zur Analyse von Karikaturen macht Lust auf eine eigene Beschäftigung mit dem Thema. Bezugsadresse: DIAK, Bahnhofstr. 148, 67480 Edenkoben, Tel.: 06323/7248

Schubladen –
Welche typischen Eigenschaften haben Deiner Meinung nach die folgenden Gruppen:

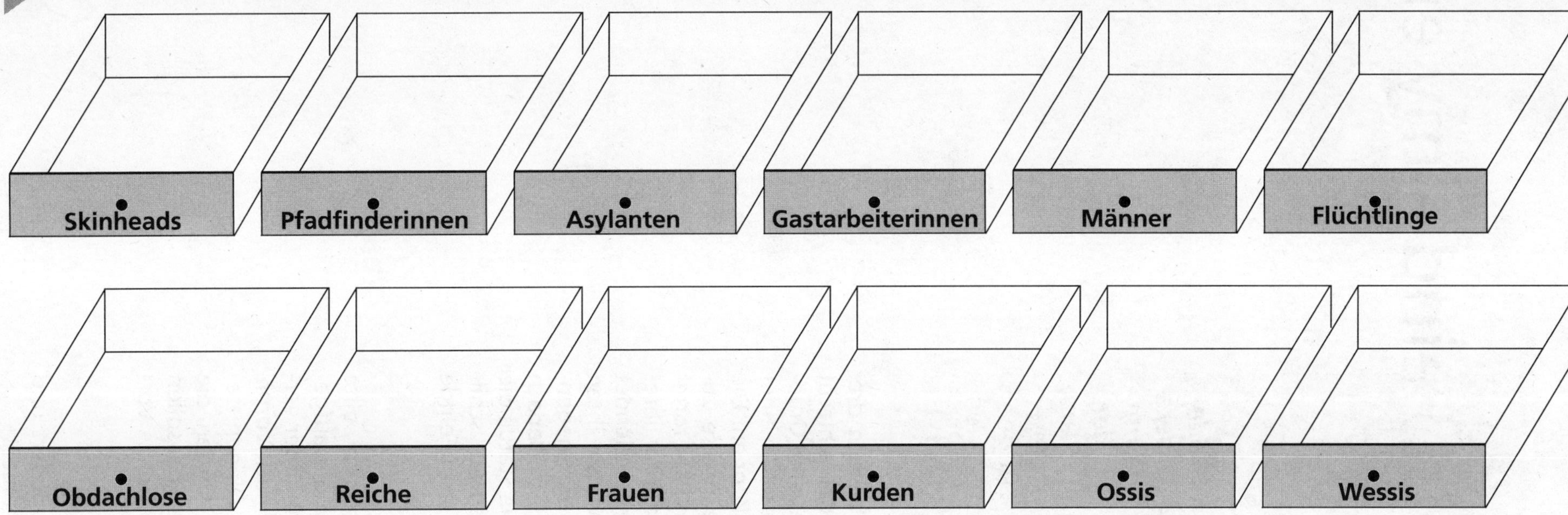

Vorstellung:

Das Handout soll unsere verschiedenen Vorstellungen von Menschengruppen verdeutlichen und zeigen, daß wir alle Vorurteile und Feindbilder haben. Die erste Assoziation, die wir zu einer Gruppe haben, hilft uns, unser Verhalten auszurichten. Die Gruppe ist in einer Schublade.

Arbeitsvorschlag:

1. Schreibt in die vorgegebenen Schubladen Euren ersten Gedanken zu dieser Gruppe. Sammelt die Ergebnisse von allen Gruppen auf Karteikarten, die Ihr auf großen Schubladen an der Wand befestigen könnt. Die Schublade kann einfach auf Wandzeitungspapier gezeichnet werden.
2. Teilt Euch in Kleingruppen zu fünf Personen und überlegt, welche Eigenschaften Eure Kleingruppe hat. Kann jemand Euch aufgrund Eurer Eigenschaften in eine Schublade stecken und Euch gar als Feinde sehen? Schreibt Eure Ergebnisse auf Karteikarten und macht auch für Euch eine Schublade und stellt sie den anderen Kleingruppen vor.

Zeit: 60 Minuten

Mein Feind – my enemy

Kurzbeschreibung:
Wir alle kennen eine Person oder eine Personengruppe, die unsere Feinde darstellen. Es geht darum, diese Feinde zu benennen und herauszufinden, was wir an ihnen am meisten ablehnen. Erst auf dieser Grundlage können wir fragen, warum wir gerade das ablehnen und was unser Anteil daran ist.

Ablauf: Alle Teilnehmenden schreiben drei Dinge auf, die sie an ihren Feinden schlecht finden. Das kann etwas sein, das eine Gruppe repräsentiert oder etwas, das sie an einer konkreten Person nicht leiden können. Die Teilnehmenden finden sich paarweise zusammen. Eine Person aus jedem Paar formt jetzt aus der Partnerin eine Skulptur ihres Feindes. Nachdem sie ihr Werk vollendet hat, stellt sie sich selbst dar, wie sie ihren Feind trifft. Die Statuen stehen sich gegenüber und betrachten einander. Danach wechseln die Bildhauerin und die Statue die Rollen. Im anschließenden Gespräch schildern sich die Partnerinnen ihre Feinde (s. Statuentheater S. 45).

Auswertung: Noch im Paargespräch sollte gefragt werden, warum gerade die aufgeschriebenen drei Dinge abgelehnt oder verachtet werden. Die Paare sollen nach Vorurteilen suchen, die hinter diesen Dingen stehen. Nach dem Paargespräch werden die Feinde der Gruppe vorgestellt. Dabei sollen typische Merkmale des Feindes und die Vorurteile gesammelt werden.

Rolle des Teams: Das Team moderiert und beobachtet. Es sollte nicht teilnehmen.

Zeit: 90 Minuten

Fischglas

Kurzbeschreibung:
Feindbilder entstehen unter anderem, weil wir nicht miteinander, sondern übereinander reden.
Wenn wir dieses Übereinander-Reden sichtbar machen, wird ein wichtiger Schritt zum Feindbild deutlich, und dieses kann verändert werden.

Ablauf: Die Gruppen werden nach Geschlechtern in zwei Kleingruppen getrennt. Die Männergruppe diskutiert über die Bilder, die sie von Frauen haben oder kennen. Die wichtigsten Punkte der Diskussion werden gesammelt und zusammengefaßt. Die Frauengruppe spricht entsprechend über ihr Männerbild.
Nach 30 Minuten kommen die Gruppen zusammen. Die Männergruppe diskutiert das gleiche Thema im Fischglas; d.h. sie setzt sich in einen Innenkreis, während die Frauen im Außenkreis sitzen und die Diskussion schweigend beobachten. Nach der Diskussion folgt eine Auswertung. Die gängigsten Vorurteile werden gesammelt, ohne lange besprochen zu werden.
Es folgt jetzt ein Rollenwechsel. Die Frauen diskutieren im Fischglas über ihr Männerbild, und die Männer sehen zu. Wieder werden in einer Kurzauswertung die gängigen Vorurteile gesammelt.
Die Gruppen müssen sich nicht nach Geschlechtern teilen. Sie können sich auch anhand anderer Kriterien trennen (Raucher/Nichtraucher, Inländer/Ausländer etc.). Die Übung wird nur intensiv, wenn die Gruppen sich nach wirklichen Unterschieden aufteilen. Es hilft wenig, wenn ein Mann in dieser Übung versucht, in die Frauenrolle zu schlüpfen.

Auswertung: Nach der Kurzauswertung kann es eine längere Auswertung, die wiederum im Fischglas stattfindet, geben, d. h., die Männer setzen sich in den Innenkreis und reden über die Vorurteile, die sie aus der Diskussion der Frauen gehört haben und umgekehrt.

Rolle des Teams: Das Team geht mit in die Gruppen und moderiert dort zurückhaltend das Gespräch. In der Fischglassituation soll das Team darauf achten, daß vom Außenkreis keine Störung ausgeht.

Feindbilder in Karikaturen

Die Karikatur ist eine der auffälligsten Anzeiger für herrschende Feindbilder. Mit der Karikatur versucht die Zeichnerin, das Wesen der dargestellten Person, Nation oder des Ereignisses festzuhalten und zu überspitzen. Die Karikatur ist darauf aus, einen hintergründigen Sachverhalt zu enthüllen. Sie bezieht sich dabei immer auf aktuelle gesellschaftliche Spannungen, die für die Karikatur geradezu nötig sind. Dabei drückt die Karikatur im besonderen Maße die Sichtweise der Zeichnerin aus. Sie zeichnet mit einer bestimmten politischen Überzeugung oder hat Auftraggeber, die eine Sichtweise vorgeben. Die Karikaturistin pointiert diese Sichtweise, indem sie viele Randbedingungen verschwinden läßt und sich auf das für sie Wesentliche konzentriert. Dabei werden die zentralen Bildelemente so hervorgehoben, daß sie dem Betrachter „ins Auge springen". Durch die Verzerrung erreicht der Zeichner das komische Element der Karikatur. Da Bilder für Menschen interessant sind, besonders dann, wenn sie Menschen verfremdet darstellen, sind die in der Karikatur gezeichneten Feindbilder von besonderer Bedeutung dafür, welche Feindbilder sich verfestigen.

Wir wollen hier auf einige Elemente hinweisen, die eine Karikatur beinhalten kann und die dazu beitragen, ein Feindbild zu verfestigen. Mittels einiger Fragen soll es möglich werden, aktuelle Karikaturen nach Feindbildern zu untersuchen. Als Beispiel haben wir zwei Karikaturen aus der Zeit des zweiten Golfkriegs gewählt, die der Zeitschrift *„israel & palästina 8/92"* entnommen sind.

Elemente in Karikaturen:

▶ *Das Feindbild wird auf eine Person bezogen.*
Saddam Hussein wird in der Zeichnung mit der politischen Führung des Irans und den dort lebenden Völkern gleichgesetzt. Auch George Bush wird durch die Helmaufschrift „US-Bush" als Alleinherrscher stilisiert. Mit der Bildüberschrift wird Bush zum „Verbrecher des 20. Jahrhunderts".

▶ *Die Augen und der Mund werden ins Tierhafte übersteigert.*
Die Augen bekommen in beiden Bildern einen starrenden, fast irrsinnigen Blick. Die Zähne werden vergrößert oder zackig wie Haifischzähne gemalt. Der Mensch wird zum Animalischen verzerrt und damit unberechenbar. George Bush frißt zudem ein Kind, was ihn besonders grausam und unmenschlich erscheinen läßt.

▶ *Die Karikatur enthält Symbole.*
Saddam Hussein hält eine Gabel in der Hand, die den Halbmond als Symbol des Islams enthält. Er benutzt den Islam hier als Werkzeug gegen das (als freundlichen Scheich personifizierte) Kuwait. George Bush trägt, für ihn ungewöhnlich, eine Uniform, die den US-amerikanischen Militarismus symbolisieren soll. Sein Rangabzeichen besteht aus zwei gekreuzten Knochen.

▶ *In der Karikatur werden historische Vergleiche hergestellt.*
Die Aussage, die der Zeichner Saddam Hussein in den Mund legt, zieht einen deutlichen Vergleich zum Nationalsozialismus und setzt Hussein mit Hitler gleich.

„Du stiehlst mir den Lebensraum ..."

US-Bush „Verbrecher des 20. Jahrhunderts"

■ **Fragen zur Analyse von Karikaturen:**

▶ Was stellt das Bild dar, und was fällt besonders auf?

▶ Welche Reaktionen löst die Karikatur beim Betrachter aus?

▶ Um welchen aktuellen Bezug handelt es sich?

▶ Welche Personen werden dargestellt, und für wen und was stehen sie?

▶ Welche Symbole werden verwendet, und welche Bedeutung haben sie?

▶ In welchen Zeitungen wurden die Karikaturen veröffentlicht? Stehen diese Zeitungen für eine bestimmte politische Richtung?

■ **Ablauf:**

1. Sammelt aus verschiedenen Tageszeitungen Karikaturen und versucht sie mittels der obigen Fragen zu beschreiben und zu analysieren.

2. Wenn Ihr viele Karikaturen gesammelt habt, könnt ihr sie vervielfältigen und immer bestimmte Elemente und Symbole ausschneiden und zu einer Collage zusammenkleben.

„Ich weiß nichts über den Islam, aber ...“

Kurzbeschreibung:

Das allgemeine Wissen über den Islam ist begrenzt. Es gibt dafür um so mehr Vorurteile, die zu Feindbildern führen. Die Feindbilder drücken sich in der Sprache und der Berichterstattung über den Islam aus. Die folgenden Zitate sollen das Feindbild Islam und einen möglichen Weg, wie es entsteht, aufdecken helfen.

Arbeitsvorschläge:

1. Wir haben einige Zitate abgedruckt, die Vorurteile über islamische und arabische Lebensweisen und Weltanschauungen verbreiten. Welche negativen Zuschreibungen beinhaltet das Feindbild?

2. Ein Teil des Feindbildes entspricht dem Gegenteil des Bildes, das die Autoren von sich selbst haben. Welche Bilder werden in den Zitaten vermittelt? Sind diese besonders wortgewaltig oder nüchtern?
Welches Selbstbild könnte hinter dem jeweiligen Feindbild stecken? Ihr könnt es herausfinden, indem Ihr zu den einzelnen Punkten der Beschreibung das Gegenteil bildet.

3. Überlegt, ob islamische Menschen auch Vorurteile gegen Christen haben könnten. Wie könnte ihr Feindbild aussehen?

Zitate:

- „Droht (...) nach dem Ende des Ost-Westkonfliktes mit dem Entstehen unberechenbarer fundamentalistischer Gottesstaaten am Rande Europas ein neuer Glaubenskrieg? Kommt es zu einer unwägbaren Konfrontation mit religiösen Eiferern, deren mittelalterliche Denkweise vor allem vom Haß auf alles Westliche geprägt ist?“ *Der Spiegel, 2/1992.*

- „Ihr Feldgeschrei scheint noch weit im Süden, an den Küsten Nordafrikas oder des Persischen Golfes zu ertönen. Aber nicht wenige sehen schon in Frankreich selbst die ersten Ausbrüche des neuen Schreckens.“ *Das Parlament, Nr. 3-4/1991.*

- „Das, was man die große Erniedrigung nennen könnte und was sich tatsächlich in der psychologischen Grunddisposition der Muslime findet, erklärt sich aus den Ursprüngen ihrer Religion: sie ist kriegerisch, eroberungslüstern und voller Verachtung für die Ungläubigen.“ *Jean Claude Barreau, Die unerbittlichen Erlöser, 1992.*

- „Im Namen des Islams demonstrieren schwarzverhüllte Frauen gegen westliche Dekadenz – im Namen des Islam werden Frauen getötet. Was ist das für eine Religion, die Frauen dazu zwingt, sich hinter Schleiern und Mauern zu verstecken?“ *Brigitte, 22/1992.*

Unterschiede beklatschen

Zeit: 15 Minuten

Kurzbeschreibung:
Jeder Mensch ist einzigartig. Jeder Mensch hat seine Ecken und Kanten, die ihn liebenswert machen. In der Übung sollen die Unterschiede begrüßt und gefeiert werden, einfach weil sie Unterschiede sind. Es gibt in dieser Übung kein Besser und Schlechter. Die Übung eignet sich als Einstiegs- oder Schlußübung

Ablauf: Die Gruppe sitzt in einem Stuhlkreis. Es werden Merkmale aufgerufen, und die Personen, die dieses Merkmal haben, gehen in die Mitte des Kreises. Dort erwartet sie ein Applaus. Nach dem Applaus, der für alle Personen mit ihrem Merkmal gleich tosend sein soll, setzen sich die Teilnehmenden wieder auf einen beliebigen Platz.

Merkmale können sein:
- Vegetarier
- Dicke
- Dünne
- Große
- Kleine
- Christinnen
- Frauen
- Männer
- Raucherinnen

Die Merkmale sollten auf die Gruppe abgestimmt werden.

Auswertung: Nicht jeder Unterschied kann wirklich gefeiert werden. Wie war es, für Raucherin zu klatschen? Es kann eine Diskussion darüber beginnen, welche Merkmale nicht gefeiert werden konnten.

Rolle des Teams: Beide sollen sich am Kreis beteiligen.

„Aggression wird gelernt"

Zum Aggressionsbegriff

Schnell bezeichnen wir eine Handlung als aggressiv; sei es, wenn ein Junge einen anderen als „Idiot" beschimpft, oder wenn Eltern ihre Tochter für unsaubere Schularbeiten mit einer Ohrfeige bestrafen. Im Alltag werden die Begriffe „Aggression" und „aggressiv" häufig gebraucht, und alle Beteiligten scheinen zu wissen, was damit gemeint ist. Doch nicht einmal die Wissenschaft ist sich darüber einig, was als aggressiv gilt und was nicht. Wir möchten mit diesem Artikel den Aggressionsbegriff durchschaubarer machen und Antworten auf die Fragen geben: Was ist Aggression? Wie entstehen Aggressionen? Gibt es geschlechtsspezifische Unterschiede beim Umgang mit Aggression? Wie können wir sinnvoll mit Aggressionen umgehen?

Viele Menschen denken bei der Frage nach Aggression an körperlich oder verbal gewalttätiges Verhalten. Andere beziehen verdeckte Aggressionsformen wie Drohung oder mangelnde Hilfeleistung mit ein, während für manche Menschen affektive Erregungen wie Ärger und Wut zur Aggression zählen. Gemeinsam ist den Aussagen über aggressive Handlungen, daß sie meistens nicht beschreiben, sondern bewerten. Der Begriff „Aggression" enthält für viele auch die „böse Absicht" des Aggressiven. Wenn einer Person gesagt wird, sie habe sich aggressiv verhalten, so ist das oft als Vorwurf gemeint und nicht als Feststellung. Die Handlung des anderen wird dabei vom eigenen Standpunkt aus beurteilt, und so bezeichnen wir eher das Verhalten anderer als „aggressiv" als unser eigenes. Der andere hat uns dazu gebracht, aggressiv zu reagieren, weil er sich unangemessen verhalten hat und unsere Aggression deshalb gerechtfertigt war.

Eine eindeutige Begriffsdefinition von „Aggression" ist nicht möglich. In der Wissenschaft zeichnet sich eine Tendenz ab, den Aggressionsbegriff eng oder weit gefaßt, beschreibend oder verhaltensbezogen zu verwenden. Der weit gefaßte Begriff geht vom Ursprung des Wortes aus. Das Wort „Aggression" leitet sich vom lateinischen Verb „aggrederi" ab (dt. „sich nähern", „sich wenden an", „produktiv bewältigen"), und hat in seiner Bedeutung durchaus die friedlich-konstruktive Komponente des Sich-Näherns, des An-etwas-Herangehens, des Entdeckens und Erforschens. Der weit gefaßte Aggressionsbegriff umfaßt jedes Verhalten, welches das Gegenteil von Passivität und Zurückhaltung darstellt. Aggression wird mit Aktivität gleichgesetzt, unabhängig davon, ob sie eine schädigende Auswirkung hat. Demnach beinhaltet das Volleyballspiel ebenso Aggressionen wie ein Foul beim Fußball.

Die engere Fassung des Aggressionsbegriffs meint das zielgerichtete oder zumindest „gerichtete" Schädigen, Beeinträchtigen und Schmerzzufügen. Diese Definition ist negativ wertend, hat sich aber dennoch unter den Aggressionsforschern durchgesetzt.

Wir gehen bei dem Begriff Aggression von Verhaltensweisen und Einstellungen aus, die bewußt eine Sache oder Person physisch oder psychisch verletzen oder gefährden. Dabei beziehen wir auch aggressive Handlungen von Machthabern mit ein, die in ihrer Funktion innerhalb der Hierarchie Menschen Schaden zufügen, d.h. also auch einen Innenminister, der Flüchtlinge in Krieg und Folter und damit in den sicheren Tod abschiebt, obwohl er Kenntnis von der Situation hat. Neben diesen destruktiven Formen der Aggression betonen wir aber auch ihre positive, konstruktive Seite. Jeder Mensch wird mit einer Grundausstattung von Aggression geboren, die es ihm aber auch ermöglicht, mit seinen Aggressionen konstruktiv umzugehen. Trotz dieser Grundausstattung ist Aggression im wesentlichen eine Verhaltensform und somit veränderbar. Für einen konstruktiven Umgang mit Aggressionen ist es wichtig, Aggression als Verhalten zu verstehen. Gefühle wie Wut, Ärger, Unmut oder Schadenfreude, die im Zusammenhang mit Aggression entstehen, sollen so angenommen werden, wie sie sind, während aggressives Verhalten verändert werden soll.

Die Definitionen von Aggression und Gewalt liegen sehr eng beieinander und werden oft durcheinandergebracht. Gewalt wird meist mit schweren, insbesondere körperlichen Aggressionen verbunden. Beschimpfungen und aggressive Gestik wird eher der Aggression zugerechnet. In Abgrenzung zur Aggression wird von Gewalt gesprochen, wenn manifestierte Aggressionen einen Menschen dauerhaft und zielgerichtet körperlich und seelisch schädigen.

Nach der Definition des Aggressionsbegriffs wenden wir uns der Entstehung von Aggression zu. Sigmund Freud und Konrad Lorenz sehen die Aggression als Ausdruck eines Triebes an. Sie gehen von der Grundannahme aus, daß es im Organismus eine angeborene Quelle gibt, die fortwährend aggressive Impulse produziert. Diese Impulse müssen sich auf die eine oder andere Weise im Verhalten ausdrücken können, andernfalls führen sie zu seelischen Störungen. Zu Zeiten von gewalttätigen Auseinandersetzungen werden immer wieder Stimmen laut, die sich auf diese Triebannahme der Aggression beziehen: Weil der Mensch eben von Natur aus gewalttätig sei, haben die Fragen nach den Ursachen keinen Sinn. Das würde bedeuten, daß wir die Augen vor den individuellen, aber auch gesellschaftlichen Ursachen verschließen. Nur der Täter wäre für sein Handeln verantwortlich und die Komplexität der Ursachen, die zur Aggression führen, würden ignoriert. Ohne im einzelnen auf die Kritik an Freud und Lorenz eingehen zu können, sei hier gesagt, daß bei beiden empirische und experimentelle Beweise für ihre Annahmen fehlen. Lorenz' Triebtheorie gilt inzwischen gemeinhin als widerlegt. Der durch ihn weit verbreiteten Meinung, Aggressionen durch Sport oder andere körperliche Aktivitäten abreagieren zu können und somit „Dampf abzulassen", ist nicht zuzustimmen. Das Gefühl der Aggression kann nicht einfach rausgelassen werden wie Wasserdampf aus einem Ventil.

Dollard entwickelte eine weitere Erklärung für die Entstehung von Aggressionen. Er stellte die These auf, daß aggressives Verhalten durch Frustration ausgelöst wird. Demnach kann Frustration im weitesten Sinne durch jedes nicht lustvolle Erlebnis, jeden Mangelzustand entstehen. Das heißt: Jede Frustration hat eine Aggression gegen die frustrierende Person zur Folge, und jede Verhinderung einer aggressiven Handlung stellt ihrerseits eine Frustration dar, die den Anreiz zu weiteren Aggressionen erhöht. Von dieser These ausgehend wird angenommen, daß Frustrationsaggressionen aus erzieherischen Gründen ausgelebt werden sollen. Viele Erzieherinnen glauben dagegen, daß gegen aggressives Verhalten von Kindern – und hier besonders das von Jungen – nichts getan werden sollte. Kinder sollen eher dazu ermuntert werden, ihre Aggressionen auszutoben. Dieser Überlegung widersprechen die wissenschaftlichen Beweise, und sie ist nach Auffassung von Lerntheoretikern falsch. Diese sehen den Menschen nicht als von der Natur vorprogrammiert, sondern vertreten die Meinung, daß der Mensch im Laufe seiner Entwicklung die ihn kennzeichnenden Verhaltensweisen erlernt. Wie der einzelne handelt, hängt von seinem sozialen Erfahrungsprozeß ab. Aggression kann genauso gelernt wie auch verlernt werden. Die Erkenntnisse der Lerntheorie unterstützen eine sinnvolle Aggressionsbeeinflussung, da sie der Veränderbarkeit des Menschen und seiner Lernfähigkeit Rechnung tragen.

Heute vertritt kaum eine Forscherin die „reine Lehre". Die drei Theorien, die Trieb-, Aggressions-Frustrations- und die Lerntheorie werden in einem integrierenden Ansatz zusammengefaßt. Dabei nimmt das lerntheoretische Erklärungsmodell eine zentrale Stelle ein. Es ermöglicht Veränderungen im Verhalten und setzt dabei voraus, daß der Umgang mit Aggressionen von einer Verbindung von Erbfaktoren und Lernen abhängt.

Die gesellschaftlichen Ursachen (z.B. Arbeitslosigkeit, Wohnungsnot, Abbau von Sozialleistungen etc.) finden im integrierenden Ansatz als eine Bedingung der Sozialisation ihren Eingang.

Uns kommt es darauf an, sowohl die zerstörerischen Aspekte der Aggressionsunterdrückung zur Kenntnis zu nehmen, als auch gesellschaftliche Aggressionsverhältnisse gezielt wahrzunehmen, um ein konstruktives Verhalten einzuüben. Die Geschlechterrollen in unserer

Gesellschaft haben z. B. neben einem individuellen Aspekt auch einen gesellschaftlich verursachten Anteil dieser Aggressionsunterdrückung.

Der Umgang mit Aggressionen ist in unserer Kultur geschlechtstypisch geprägt. Frauen und Männer gehen mit eigenen und fremden Aggressionen unterschiedlich um. Die Medienberichte über gewalttätige Jugendliche beziehen sich in erster Linie auf Jungen, die ihre Aggressionen nach außen tragen. Mädchen sind in ihrer Art, mit Aggressionen umzugehen, weniger auffällig. Ihnen werden Identitätsmerkmale wie Anhänglichkeit, Liebe, Feinsinn und Einfühlungsvermögen zugeschrieben und sie erfahren, daß konkrete Verhaltensweisen wie Fürsorglichkeit weniger Anerkennung finden. Sie neigen mehr als Jungen und Männer dazu, Aggressionen gegen sich selbst zu richten. Die Autoaggression äußert sich in schweren seelischen und körperlichen Störungen und beginnt damit, daß Menschen ihre Niederlage und Selbstablehnung in sich „hineinfressen".

Entsprechen Jugendliche nicht den Rollenerwartungen, müssen sie mit abwertenden Bemerkungen rechnen. Sozialer Druck ist die Folge, der oft nur durch Autoaggressionen kompensiert wird. Dabei hat die Form der Autoaggression geschlechtsspezifische Unterschiede. Bei Frauen findet sie Ausdruck in Migräne, Magenschmerzen, exzessivem Hungern, Eß-Brech-Sucht (Bulimie) oder Sonnenbaden. Männer neigen mehr zu schnellem Autofahren, Unterdrücken eigener Gefühle, Arbeitswut, „Saufen" und Muskelverspannungen. Aufgrund der geschlechtstypischen Unterschiede sollte bei Jungen eine genaue Wahrnehmung eigener Gefühle, Ängste und Schwächen beim konstruktiven Aggressionsverhalten im Vordergrund stehen. Bei den Mädchen ist es wichtig, sie in ihrer Person zu bestärken und ihnen das Aus-sich-Herausgehen zu ermöglichen.

Ziel eines konstruktiven Umgangs mit Aggressionen ist es, ein alternatives Verhaltensrepertoire zu erlernen. Dazu gehört, mit seinen Bedürfnissen und Gefühlen sowie mit fremden Aggressionen umzugehen und Konfliktregulierung zu erlernen. Dabei sollte sich aber nicht nur damit befaßt werden, welche Verhaltensweisen man selbst im Verlauf seiner Erziehung erworben hat, um Konflikte auszutragen. Es sollte sich auch damit befaßt werden, wie das Einfühlungsvermögen, die Sensibilität und der Gerechtigkeitssinn für untragbar gewordene gesellschaftliche Strukturen und Widersprüche geschärft werden kann.

Die folgenden Übungen sollen helfen, sich dem Thema Aggression schrittweise zu nähern. Einer Einführung mit Fragen zur eigenen Wuterfahrung und zum Aggressionsbegriff folgt die Wahrnehmung eigener und fremder Aggressionen. Sie sollen bei der Themenbearbeitung intensiv in Kleingruppen bearbeitet werden. Der Einübung konstruktiven Aggressionsverhaltens soll in geschlechtsgetrennten Gruppen und mit viel Zeit große Aufmerksamkeit geschenkt werden.

Vorschlag für einen methodischen Ablauf:

Einführung ins Thema:
- ▶ Was ist aggressiv? (Handout Aggression)
- ▶ Wutzettel

Wahrnehmung von Aggressionen:
- ▶ Jeder gegen jeden
- ▶ Aggressionslinie

Themenbearbeitung:
- ▶ Meinungsbarometer
- ▶ Fragebogen zu Aggressionssituationen (siehe Hinweis beim Meinungsbarometer)

Umgang mit Aggressionen:
- ▶ Entspann' Dich
- ▶ Bildergalerie

Literaturhinweise

Nolting, Hans Peter: „Lernfall Aggression: Wie sie entsteht – Wie sie zu vermeiden ist", Hamburg 1987, 12,90 DM.
Der Autor widmet sich in gleichem Maße den Formen und Ursachen menschlicher Aggression wie den Möglichkeiten der Aggressionsverminderung. Theorie und Praxis sind sehr gut in dem übersichtlichen Buch verbunden. Nolting verfolgt in seinen Vorschlägen für eine Aggressionsminderung den lerntheoretischen Ansatz. Das Buch bietet eine gute Grundlage für die praktische Arbeit.

Friebel, Harry: „Aggressivität und Gewalt – Arbeitsmaterialien und Diskussionen zur konstruktiven Aggressionserziehung und kritischen Gewaltkontrolle", Wuppertal 1976.
Friebel möchte mit seinem Buch den Leser für das Gesamtproblem Aggression und Gewalt sensibilisieren und ihm ein Lese- und Nachschlagebuch für Lehr- und Lernprozesse im Erziehungsbereich zur Verfügung stellen. Das Buch gibt anhand von Beispielen einen Überblick über den Zusammenhang von menschlicher Aggressivität und gesellschaftlicher Gewalt und regt durch die gelungene Textauswahl zum Lesen an. Es ist trotz seines Erscheinungsdatums immer noch aktuell.

Henschel, Angelika: „Geschlechtsspezifische Sozialisation", Mainz 1993.
Angelika Henschel, die für einen geschlechtsbezogenen Ansatz in der Pädagogik plädiert, beschäftigt sich mit der Frage, inwieweit Jungen und Mädchen im Rahmen der geschlechtsspezifischen Sozialisation unterschiedliche Bearbeitungsformen hinsichtlich von Angst und Aggression ausbilden. Sie diskutiert sowohl neuere theoretische Konzepte der feministischen Forschung als auch eine Erweiterung bisheriger Ansätze der Angst- und Aggressionsforschung. Das Buch ist sehr gut zu lesen und an der Praxis orientiert.

Was ist aggressiv?

aggressiv ▼		nicht aggressiv ▼
❑	Ein Lehrer brüllt die Schülerin an, die den Unterricht stört.	❑
❑	Eine Mutter nimmt ihrem Sohn die Spielzeugpistole weg.	❑
❑	Ein Junge beschimpft einen anderen als „Idiot".	❑
❑	Ein Vater bestraft seinen Sohn für unsaubere Schularbeiten.	❑
❑	Ein Fußballspieler foult seinen Gegenspieler durch Beinstellen.	❑
❑	Eltern bestrafen ihre Tochter für unsaubere Schularbeiten mit Stubenarrest.	❑
❑	Ein Student hält sein Versprechen nicht ein, einem Mitstudenten ein wichtiges Buch vorbeizubringen.	❑
❑	Eine Polizistin schießt einem flüchtenden Bankräuber ins Bein.	❑
❑	Ein Schüler wirft einen Mitschüler zu Boden, um ihn daran zu hindern, daß er einen kleinen Jungen verprügelt.	❑
❑	Eine Lehrerin gibt einem Schüler im Aufsatz eine schlechte Note, weil er im Unterricht häufig stört.	❑
❑	Ein Mann überredet seine Freundin mit ihm zu schlafen, obgleich sie schon NEIN gesagt hat.	❑
❑	Ein Autofahrer macht an der Ampel einen Blitzstart.	❑
❑	Eine Zuschauerin klatscht Beifall, als Jugendliche Ausländer beschimpfen.	❑
❑	Friedensdemonstranten sitzen vor den Toren einer Raketenabschußrampe und behindern den militärischen Betrieb.	❑

Quelle: Verein für Friedenspädagogik, München

Anmerkung (beim Kopieren des Handouts abdecken):

Bei der Diskussion des Handouts wird den Teilnehmern schnell auffallen, daß es sich bei der Beantwortung der Fragen nur um ein Stimmungsbild handelt. Die Frage „Was ist aggressiv?" läßt sich nicht mit JA oder NEIN und RICHTIG oder FALSCH beantworten. Herausgearbeitet werden sollte, daß „aggressiv" gesellschaftlich unterschiedlich definiert wird und meistens vom Standpunkt des Betrachters abhängt (s. auch Text zum „Aggressionsbegriff" und Text zur „Bedeutung von Werten").

Wutzettel

Zeit: 30 Minuten

Kurzbeschreibung:
Die Übung eignet sich gut als Einstiegsübung zum Thema Aggression. Ziel ist es, sich über Situationen bewußt zu werden, die einen wütend machen. Für die Übung eignet sich besonders ein größeres Blatt Papier (A3), um die eigene Wut in großen Buchstaben auszudrücken.

Ablauf: Jede Teilnehmerin erhält ein Blatt Papier und einen Stift, überlegt sich, was sie wütend macht und schreibt dies auf das Blatt Papier. Die Wutzettel werden dann aufgehängt und von jedem Teilnehmer kurz vorgestellt.

Variante 1: Nach der Präsentation der Wutzettel darf jede Teilnehmerin ihren Wutzettel „wütend" zerknüllen.

Variante 2: Die Teilnehmerinnen malen nach eigener Wahl die eigene Wut als Tier, Monster oder als ein anderes Symbol – auch in ganz freier Gestaltung – auf ein großes Blatt Papier.

Auswertung: Die Wutzettel werden im Plenum durch die Präsentation ausgewertet, oder die Teilnehmerinnen können in Kleingruppen geschlechtsgetrennt die Wutzettel anhand folgender Fragen bearbeiten: Bin ich zufrieden mit meinem Umgang mit Wut und Aggressionen? Will ich etwas ändern? Was will ich ändern?

Rolle des Teams: Beide Teamerinnen sollten sich an dieser Übung beteiligen.

Zeit: 30 Minuten

Jeder gegen jeden

Kurzbeschreibung:
Bei dieser eher wilden Übung geht es darum, die anderen Teilnehmerinnen aus einem Viereck zu befördern. Die Gruppe sollte miteinander vertraut sein. Ziele sind: eigene Verhaltensmuster in Konfliktsituationen erkennen, das Sieg-Niederlage-Verhalten hinterfragen und wahrnehmen, sowie die Wahrnehmung fördern, wann das Spiel aufhört und Aggression beginnt.
Diese Übung sollte nach Geschlechtern getrennt durchgeführt werden. Daran können die Teilnehmenden gut den geschlechtsspezifischen Unterschied beim Umgang mit Aggressionen erkennen.

Ablauf: Alle Teilnehmerinnen befinden sich kniend oder sitzend in einem markierten Viereck, in dem alle nicht zu viel Platz haben sollten. Jede versucht jetzt, die anderen Mitspielerinnen aus diesem Viereck zu befördern. Niemand darf stehend agieren.

Variante 1: Aufgabe ist es, die Socken der Mitspielerinnen zu erobern. Wer beide Socken verloren hat, scheidet aus.

Variante 2: Die Teilnehmerinnen werden in zwei Gruppen geteilt. Wie in Variante 1 sollen die Socken der anderen Gruppe erkämpft werden (Gruppe gegen Gruppe). In einer Steigerung dieser Variante tritt ein Mitglied aus einer Gruppe gegen ein Mitglied aus der gegnerischen Partei an.

Auswertung: Wie habt Ihr Euch dabei gefühlt? Wie war es für Euch zu siegen bzw. zu verlieren? Habt Ihr Aggressionsbereitschaft bei Euch oder den anderen entdecken können? Habt Ihr einen unterschiedlichen Umgang zwischen der Männer- und der Frauengruppe festgestellt?

Rolle des Teams: Eine Teamerin sollte beobachten, die andere kann mitspielen.

Zeit: 30 Minuten

Aggressionslinie

Kurzbeschreibung:
Bei dieser Übung geht es darum, daß sich zwei Gruppen durch den Einsatz der Stimme oder Bewegung gegenseitig zurückdrängen. Ziel ist es, die Rollenverteilung in Gruppen wahrzunehmen und das eigene Verhalten in Konfliktsituationen zu erkennen. Bei einer genügend großen Anzahl von Männern und Frauen ist die Übung geeignet, die Gruppen nach Geschlechtern zu trennen. Beachtet werden sollte, daß die Teilnehmer schon miteinander warm geworden sind.

Ablauf: Es werden zwei Gruppen gebildet, die sich in Reihen in der Mitte des Raumes gegenüberstehen. Es wird eine aktive und eine passive Gruppe bestimmt. Die passive Gruppe soll aufgrund der Aktivitäten der aktiven Gruppe Schritt für Schritt zurückweichen. Am Ende des Raumes wird die passive Gruppe zur aktiven Gruppe. In der aktiven Gruppe wird ein gemeinsames Verhalten durch einen Initiator vorgegeben (Bewegung mit oder ohne stimmlichen Einsatz), in das die anderen Gruppenmitglieder einfallen und sich so als eine geschlossene Gruppe auf die Passiven zubewegen.

Auswertung: Im Plenum können folgende Fragen besprochen werden:

- Was ist aufgefallen?
- Was fiel Euch schwer?
- Was fiel Euch leicht?
- Welche Probleme sind aufgetreten?
- Habt Ihr angenehme oder unangenehme Gefühle empfunden?

Rolle des Teams: Einer sollte die Übung anleiten und beobachten, der andere sollte an der Übung teilnehmen.

Zeit: 5 Minuten pro Aussage

Meinungsbarometer

Kurzbeschreibung:
In der Übung setzen sich die Teilnehmenden mit Aussagen zum Thema Aggression auseinander. Sie werden gedanklich und thematisch auf das Thema Aggression eingestimmt. Ein Vorteil dieser Übung ist, daß die Teilnehmerinnen ihre Positionen zu den Aussagen sichtbar verändern können. Die kontroversen Aussagen sollten sorgfältig ausgewählt werden. Die Aussagen werden übersichtlicher, wenn sie aufgeschrieben werden. Sie können dann nacheinander vorgelesen und für alle sichtbar aufgehängt werden.

Ablauf: Die Gruppe stellt sich im Raum auf. Durch den Raum führt eine gedachte Linie mit einer Skalierung von 0 bis 100. Die Wände markieren dabei die Extremwerte. Die erste Aussage wird vorgetragen. Die Personen stellen sich entlang der Linie auf. Bei voller Zustimmung bei 100 und bei voller Ablehnung der Aussage bei 0. Auch Zwischenwerte sind möglich. Einzelne Positionen können freiwillig oder auf Nachfrage begründet werden. Es soll keine offene Diskussion über diese Begründungen entstehen. Nach den verschiedenen Äußerungen können die Positionen geändert werden. Wer mag, kann seine Veränderung erklären. Danach wird die nächste Aussage vorgelesen.

Auswertung: Im Anschluß an das Meinungsbarometer kann es noch eine kurze Diskussion über einzelne Aussagen geben.

Beispiele von Aussagen zum Thema Aggression:

1. Gewalt und Aggression ist ein und dasselbe.
2. Aggression ist ein menschliches Triebbedürfnis, also angeboren.
3. Aggressionen lassen sich gut durch sportliche Betätigung abbauen.
4. Männer sind grundsätzlich aggressiver als Frauen.
5. Aggressives Verhalten entsteht durch Erziehung.
6. Lieber aggressiv sein als klein beigeben.

Rolle des Teams: Eine sollte die Aussagen vorlesen und moderieren, die andere sollte Beobachtungen notieren, um in der Plenumsauswertung die kontroversen Punkte anzusprechen.

Hinweis: An dieser Stelle möchten wir auf die Übung „Fragebogen zu Gewaltsituationen" im Kapitel „Gewaltbegriff" hinweisen. Diese Übung läßt sich auch sehr gut zum Thema Aggression durchführen. Die Arbeitanweisung unterscheidet sich nur im Fragebogen.
Dieser sollte folgende Fragen beinhalten:

- In welchen Situationen hast Du Aggressionen erlebt?
- In welchen Situationen warst Du selber aggressiv?
- Was war der Anlaß Deiner Aggression?
- Wie aggressiv reagierst Du gewöhnlich?
- Welche Ziele hast Du im Konflikt verfolgt, und was wurde daraus?
- Welche Gefühle und Bedürfnisse sind damit verbunden?
- Was fehlte Dir an persönlichen Fähigkeiten in dieser Situation?

Entspann' Dich!
Tai Chi-Meereswellen

Zeit: 10 Minuten

Kurzbeschreibung:
Entspannung ist ein sinnvoller Umgang mit Aggressionen. Diese Entspannungsübung ist der chinesischen Entspannungskunst „Tai Chi" entnommen.
Mit der Übung gelingt es leicht, sich zu entspannen und für die eigene Atmung sensibel zu werden. Sie dient zudem dazu, sich zu zentrieren, ein gutes Gleichgewicht und einen stabilen Stand zu entwickeln.

Ablauf: Die Teilnehmenden stehen aufrecht, mit leicht gebeugten Knien. Das Gewicht wird nun langsam von einem Bein auf das andere verlagert. Die eigene Mitte wird gespürt, um dann langsam die Arme dazuzunehmen. Bei jeder Verlagerung auf das rechte Bein steigt der rechte Arm, bei jeder Verlagerung nach links steigt der linke Arm nach oben. Die rechte und die linke Hand wirken dabei, als ob sie abwechselnd vom Faden eines Marionettenspielers hochgezogen und wieder runtergelassen werden.

Auswertung: keine

Rolle des Teams: Beide Teamerinnen können diese Übung mitmachen, eine sollte sie allerdings anleiten - möglichst langsam und für alle gut sichtbar.

Zeit: 20 Minuten

Entspann' Dich!
Ausklopfen

Kurzbeschreibung:
Diese Entspannungsübung läßt sich entweder zu zweit oder zu dritt machen.
Sie dient der gegenseitigen Entspannung und Auflockerung.

Ablauf: Jeweils drei Teilnehmerinnen stellen sich nebeneinander auf, die beiden äußeren wenden sich der in der Mitte stehenden Teilnehmerin zu. Diese beugt sich nach vorn. Der Kopf und die Arme hängen soweit nach unten, wie es bequem ist. Die beiden rechts und links Stehenden beginnen, mit den Fingerspitzen an der, aber nicht auf der Wirbelsäule der Dritten entlangzuklopfen. Das Klopfen verstärkt sich, statt der Fingerspitzen klopfen nun die ganzen Finger. Die Rückenmuskulatur (Vorsicht im Bereich der Nieren) wird gut durchgeklopft. Die Arme und Beine werden ausgeklopft. Dann wird behutsam der Wechsel zum Ausstreichen eingeleitet. Die Fingerspitzen tropfen auf die Muskulatur. Nun wird von den Schultern ab fest in Richtung Gesäß entlanggestrichen. Es werden auch die Arme und Beine ausgestrichen. Dann stellen sich beide auf Schulterhöhe der hängenden Person, fassen ihr unter die Arme und richten sie langsam auf. Nach einer kurzen Verschnaufpause wird gewechselt.

Auswertung: keine

Rolle des Teams: Beide Teamerinnen sollten diese Entspannungsübung auf jeden Fall mitmachen, auch um den Ablauf vorzumachen und darauf zu achten, daß niemand zu heftig massiert.

Bildergalerie

Zeit: 45 Minuten

Kurzbeschreibung:
Die Bildergalerie ermöglicht es den Teilnehmerinnen, sich anhand selbstgemalter Bilder über das Verhältnis zu eigener und fremder Aggression klar zu werden. Hierfür wird die Gruppe nach Geschlechtern getrennt und erst nach der Kleingruppenarbeit werden die Bilder zur Bildergalerie in der Großgruppe ausgehängt.

Ablauf: Die Gruppe wird nach Geschlechtern getrennt. Jede Person soll je ein Bild zu den Fragen malen:

- Wie geht es mir, wenn ich Aggression ausgeliefert bin?
- Wie gehe ich mit meiner Aggression um?

In der Kleingruppe stellt jede ihr eigenes Bild vor. Durch Nachfragen aus der Gruppe soll nur das Verständnis erhöht, die Bilder aber nicht interpretiert werden. Es kann lohnend sein, die Bilder im Hinblick auf Gemeinsamkeiten bei Farben, Formen und Symbolen zu betrachten. Abschließend werden die Bilder nach Geschlechtern getrennt zur Bildergalerie in der Großgruppe ausgehängt.

Auswertung: Im Plenum sollen die Teilnehmerinnen geschlechtstypische Unterschiede finden, die auf verschiedene Umgangsweisen mit Aggressionen hinweisen.

Rolle des Teams: Das Team sollte sich an dieser Übung nicht beteiligen. Es sollte die Übung beobachtend und helfend begleiten sowie die Auswertung moderieren.

„Iiiiigitt, is' der eklig!"

Sympathie und Antipathie. Was sonst?

Von der Erkenntnis, die Welt nicht nur schwarz und nicht nur weiß zu sehen, sondern durch schwarz und weiß hindurch zu erkennen, daß die Welt bunt ist.

Menschen werden oft nach ihrem Äußeren beurteilt und bewertet. Unter Jugendlichen kommt die Äußerung häufig vor, daß sie einen Typen eklig finden. Ältere Leute drücken ihre Abscheu vor einem anderen Menschen anders aus, durch Mißachtung oder stummes Taxieren mit den Augen vom Kopf bis zu den Füßen. Im Alltag begegnet uns Ablehnung sehr häufig. Bei den flüchtigen Begegnungen in der Bahn oder auf dem Weg zur Schule gibt es aber auch genauso häufig Bestätigungen. Der Alltag besteht aus einem wechselseitigen Dialog zwischen Bestätigung und Ablehnung. Verursacht wird dieser Dialog durch Affekte. Affekte sind Leidenschaften, spontane Erregungen, über die wir nicht nachdenken. Freunde oder Freundinnen, die unsere spontanen Gefühlsäußerungen mitbekommen, sagen: „Hoppla, wie kommste da denn drauf?" Erst in diesem Moment setzt die Widerspiegelung und das Nachdenken über den flüchtigen Ausspruch ein.

Im großstädtischen Leben gibt es etliche dieser Begegnungen, und nur die wenigsten sind von Gleichgültigkeit geprägt. Wir halten uns die meisten Menschen gerne vom Leibe. Wir wenden uns in der Bahn einer Lektüre zu oder sprechen bewußt abgewendet vom Rest der Fahrgemeinschaft mit unseren Freunden. Um die Distanz zu wahren, nutzen wir die Fähigkeit zur Antipathie. Nach Georg Simmel (1908) würden wir anders das nahe Zusammenleben gar nicht aushalten. Zu dieser Beziehungsform der Ablehnung oder der Aversion kommt die Form der Sympathie hinzu. Menschen finden einander und entwickeln Sympathien, die manchmal auch wieder in Ablehnung umschlagen können. Die dritte Beziehungsform ist relativ unbekannt, obwohl sie wie die Sympathie häufig vorkommt: die Empathie. Mit diesem Begriff wird das Einfühlen in eine andere Person und das Mitfühlen mit ihr bezeichnet, ohne daß wir diese Person gleich sympathisch oder unsympathisch finden. Empathie ist eine Qualifikation, mit der Konflikte leichter gelöst werden können. Dieses einfühlende Verständnis schützt den Fremden vor Gewalttätigkeit.

Unsere Erfahrung mit Fremden lehrt uns, daß nicht nur Böses in einer Person stecken kann, sondern auch viele spannende und neue Eigenschaften. Das Bedürfnis, vor dem Fremden erst einmal zurückzuweichen, gehört zu den positiven Signalen unserer Furcht und unserer Schutzbedürftigkeit. Empathie ermöglicht es uns, den Fremden nicht aus Angst und Furcht gleich mit einem Feindbild zu belegen. Nur allzu schnell interpretieren wir das Verhalten unseres Gegenübers aufgrund negativer Erfahrungen mit anderen Personen. „Igitt, ist der eklig" bezieht sich vielleicht nur auf eine unsichere Bewegung. Wenn der beurteilte Typ unsere Äußerung mitbekommt, beginnt zwischen ihm und uns ein Wechselspiel. Zur Äußerung kommt meistens auch noch eine entsprechende Körperhaltung. Dieses „Igitt" wird mit viel Abfälligkeit durch den Raum geschleudert und mit der entsprechenden Geste bedacht. Unser Verhalten provoziert. Beim Sprechen läuft unbewußt ein Film ab, der uns zusehen läßt, wie unsere abfällige Bemerkung bei dem anderen ankommt. Wir hören uns selbst sprechen, „Igitt....", nehmen die Haltung unseres Gegenübers ein und können verstehen, wie es bei ihm ankommt. In jeder sinnvollen Kommunikation überlegen wir uns, wie der andere wohl reagieren könnte. Wir sprechen und hören nicht nur gleichzeitig, sondern stellen auch Vermutungen über die Reaktion des anderen und seine Perspektive auf die Situation an. Diese Vielschichtigkeit in der Kommunikation hat George H. Mead nachgewiesen; weitere Gedanken dazu hat Jean Piaget geliefert.

Nach seinen Studien lernen Menschen in ihrer Entwicklung erst nach und nach, die Perspektive von anderen einzunehmen. Kinder leben zunächst in einer nur auf sie bezogenen Welt. Wenn sie einer Spinne die Beine einzeln ausreißen, haben sie noch kein Gefühl dafür, daß dies ein grausamer Vorgang ist. Empathie entwickelt sich erst allmählich. Im Prozeß der menschlichen Entwicklung werden Fremdbilder und die entsprechenden Feindbilder durch Erziehung, eigene Erfahrungen und Umwelteinflüsse herausgebildet. Wir sind zwar mit der Fähigkeit zur Einfühlung ausgestattet, doch immer wieder kann sich uns etwas in den Weg stellen. „Igitt, ist der .....", überträgt eine Erfahrung, die wir mit irgendeiner Person gemacht haben, auf die Person, die uns gerade gegenübersteht. Oder es ist der Versuch zu provozieren, um einen Kontakt herzustellen. Oder es handelt sich um einen Test der jeweiligen Umgebung. Wer „grölt wohl mit", und wer wird sich beschweren?

Im Training ist es möglich, unterschiedliche Ebenen von Einfühlungsvermögen kennenzulernen und Formulierungen bewußter einzusetzen. Wenn z.B. eine Frau auf ihren Freund wartet, der vom Sportverein zwei Stunden zu spät zur Verabredung kommt, hat sie verschiedene Möglichkeiten zu reagieren. Sie kann ihn beschimpfen. Oder sie kann deutlich machen, daß sie froh ist, daß er nicht noch später kommt. Die zweite Äußerung gibt ihr die Möglichkeit, den Grund der Verspätung aufzunehmen und gleichzeitig Kritik am Verhalten ihres Freundes zu üben. Das Gespräch wird offener begonnen, weil sie sich in die Situation ihres Freundes hineinversetzt hat. Durch die Beschimpfung kann sich der Freund dagegen mißverstanden fühlen, wenn er triftige Gründe für seine Verspätung hatte.

Die unterschiedlichen Reaktionsweisen, die in so einem Moment aufeinandertreffen, können zum Streit führen, wenn beide sich unverstanden fühlen. Durch das lange Warten hat sie sich etliche Gedanken gemacht, was alles passiert sein kann. Und sie hatte soviel Zeit, daß sie alle vergangenen Fälle seiner Verspätungen durchgehen konnte. Bei der Durchsicht seiner bisherigen Gründe stellt sie fest, daß er leicht andere Menschen vergißt. Der Streit ist vorprogrammiert, wenn sie diese unzuverlässige Seite an ihm kritisiert, er aber in diesem Fall durch ganz andere Personen und Umstände gehindert wurde.

Wenn meine Bilder von anderen Menschen etwas schräg sind, ich sie nicht überprüft und die Gelegenheit der Rücksprache mit dem anderen nicht wahrgenommen habe, kommt es zum Konflikt und zu gegenseitigen Beschuldigungen.

Weitere Einstellungs- und Verhaltensmuster, die zu Streit und Gewalt führen können, sind:

– Die Erwartung, die anderen mögen genug Empathie aufbringen, um mich zu verstehen. Wenn das Wohlergehen der anderen nur insoweit berücksichtigt wird, als daß das eigene dabei gewahrt bleibt, spricht man von einer Instrumentalisierung von Beziehungen. Dabei ist Empathie mehr ein Kontrollinstrument dafür, wie weit der andere auf mich eingeht und was ich entsprechend dafür tun muß.

– Die Erwartung, daß die anderen schon mitdenken, wie es um mich steht. In diesem Fall wird von anderen erwartet, daß sie an den Umständen und an meinem Verhalten erkennen, was zu tun ist. Statt zu sagen, was ich von dem anderen will, wird empathisches Verhalten vorausgesetzt. Die Enttäuschung ist immer dann groß, wenn wir auf „Empathiemuffel" treffen. Unempfindsame Menschen oder solche, die sehr stark mit sich selbst beschäftigt sind, werden nicht aktiv, ohne vorher angesprochen worden zu sein. Da helfen dann auch keine versteckten Hinweise, sondern nur das klare eindeutige Einfordern von Verhaltensänderungen.

– Bleiben noch diejenigen, die allen möglichen Anforderungen hinterher laufen. Sie fühlen sich in jedes Leid ein und helfen, ohne an sich zu denken. Sie sind dem sogenanntem „Helfersyndrom" verfallen. In Konflikten ist ihre eigene Position zu schwach. Der Konflikt kann nicht ausgetragen werden, weil nichts da ist zum Streiten.

Jeder Streit hat eine Vorgeschichte, auch wenn der Streit schon so festgefahren ist, daß keine Seite mehr der anderen glaubt.

Mangelnde Empathiefähigkeit oder Feindbilder haben die falsche Reaktion ausgelöst. „Igitt", sagte sie, „ist der eklig....." Und schon kamen die Worte: „Ich werde Dir einmal zeigen, wie eklig ich sein kann!" Es folgt ein weiteres Kräftemessen mit ungewissem Ausgang. Es sei denn, einem von beiden fällt die Frage ein, was das eigentlich sollte und ob er seine Reaktion nicht für überzogen hält. Jedenfalls sei alles nicht so schlimm gemeint gewesen. Wenn die Möglichkeit besteht, daß einer der beiden das Urteil zurücknimmt, hat er oder sie die Chance zu deeskalieren. Deeskalation verlangt eine gute und sichere eigene Position, die Fähigkeit, die Wahrnehmung des Gegenübers nachzuvollziehen, und gute Ideen für Lösungsvorschläge, wieder auf eine gemeinsame positive Ebene zu kommen.

Die nachfolgenden Übungen sollen dazu beitragen, eigene Fremdbilder zu erhellen und von anderen zu hören, was und wie etwas wahrgenommen wird. Der Rollentausch trägt zur Übung von Empathie besonders bei. Die Standfestigkeit der eigenen Position kann durch die Methode *„Parolen Paroli bieten"* (unter dem Thema Urteilsvermögen S. 104 zu finden) ergänzt werden.

Vorschlag für einen methodischen Ablauf:

Einander beobachten:
- ▶ Die drei Musketiere
- ▶ Was lese ich in Dir?

Miteinander reden:
- ▶ Kommunikationsblockaden (Handout Empathie 1)
- ▶ Kontrollierter Dialog
- ▶ Beobachtungsbogen (Handout Empathie 2)
- ▶ Verhaltensweisen im Konfliktgespräch (Handout Empathie 3)
- ▶ Der doppelte Ärger – double anger

Position beziehen:
- ▶ Parolen Paroli bieten (s. S. 104)

Literaturhinweise

Hagedorn, Ortrud: „Konfliktlotsen", Klett Verlag, 1995.
Dieses Buch beschreibt den Konfliktvermittlungsansatz. Es sollen sogenannte „Konfliktlotsen" lernen, Konflikte zu vermitteln. Für diese Qualifikationen sind viele gute Übungen in dem Buch wiedergegeben. Unter anderem sind es Kommunikationsübungen, die dem Konfliktvermittler eine Kompetenz bringen, als Dritter zwischen zwei Streitenden zu vermitteln.

Ropers, Norbert: „Vom anderen her denken. Empathie als paradigmatischer Beitrag zur Völkerverständigung", in: Steinweg, Reiner; Wellmann, Christian: „Die vergessene Dimension internationaler Konflikte: Subjektivität", Frankfurt 1990, S. 114–150, 14,– DM
Dieser theoretische Beitrag im Band Friedensanalysen Nr. 20 gibt einen guten Überblick über die Entwicklung und Verwendung des Begriffes Empathie. Es wird deutlich, daß der Prozeß der Völkerverständigung „vom anderen her gedacht" werden muß. Genauso wie im Kleinen ein Konflikt zwischen einzelnen Personen durch die Fähigkeit zur Empathie gelöst werden kann, ist dies zwischen Nationen oder verschiedenen Gesellschaften möglich, wenn nicht gar unerläßlich.

Zeit: 30 Minuten

Die drei Musketiere

Kurzbeschreibung:
Die Übung eignet sich als ein erster Einstieg in weitere Übungen. Im Gespräch sollen Unterschiede und Gemeinsamkeiten festgestellt werden, ohne über sie zu urteilen. Die Teilnehmer können unbefangen über sich ins Gespräch kommen.

Ablauf: Für die Übung ist ein vorbereitetes Arbeitsblatt notwendig. Darauf stehen folgende Sätze mit entsprechendem Raum für die Antworten:

1. Das sind drei Sachen, die wir alle mögen:
2. Das sind drei Sachen, die wir alle nicht mögen:
3. So sind wir unterschiedlich:

3.a Name: Wie ich anders bin:
3.b Name: Wie ich anders bin:
3.c Name: Wie ich anders bin:

Die Teilnehmenden teilen sich in Dreier-Gruppen auf. Die Gruppen füllen das Arbeitsblatt gemeinsam aus. Dabei sollen Unterschiede und Gemeinsamkeiten nicht an Äußerlichkeiten festgemacht werden. Die Übung kann unter einen Titel gestellt werden (z.B. Erfahrungen mit Ausländern oder Verhalten in der Natur) und bereitet dann auf das jeweilige Thema vor.

Auswertung: Die Arbeitsgruppen stellen ihr Ergebnis im Plenum vor.

Rolle des Teams: Das Team sollte teilnehmen.

Zeit: 30 Minuten

Was lese ich in Dir ?

Kurzbeschreibung:
Gestik und Mimik sind bei völlig Fremden das erste, was uns hilft, ihre Gefühle zu erahnen und uns in sie hineinzuversetzen. Wir müssen lernen, wieder genauer zu beobachten und unsere Beobachtung in Worte und Bilder umzuformulieren. In dieser Übung sehen und deuten wir jemanden. Außerdem werden wir gesehen und können so unsere Wirkung auf andere überprüfen.

Ablauf: Paare finden sich nach Sympathie zusammen. Die Paare stehen sich gegenüber und betrachten einander von oben bis unten und achten dabei auf Mimik und Gestik. Sie schließen die Augen und überlegen, in welcher Stimmung sie gerade sind (ich bin müde, ich bin gespannt oder gelangweilt). Noch mit geschlossenen Augen verändern die Personen Mimik und Gestik, je nachdem, welchen Gefühlszustand sie ausdrücken wollen. Auf ein akustisches Zeichen der Moderatorin öffnen sie die Augen und betrachten einander wieder. Was sehen sie in dem Gegenüber? Welches Gefühl drückt sich aus? Sie betrachten einander von oben bis unten und schließen erneut die Augen. Sie formulieren im Kopf einen Satz über das Bild, das sie gerade gesehen haben. Zu diesem Satz bilden sie eine Statue, d.h. sie spiegeln das Gefühl, ohne die gleiche Statue nachzustellen. Wieder auf ein Zeichen des Moderators betrachten sie, wie sie gespiegelt wurden. Der ganze Vorgang wiederholt sich, nur daß die Teilnehmenden an ein wichtiges (schönes oder nerviges) Ereignis der vergangenen Woche denken sollen.

Auswertung: Die Paare erzählen sich, was sie in ihrem Gegenüber gesehen haben. War es einfach zu erkennen? Was für ein Gefühl war es, gespiegelt zu werden? Wenn es gewünscht wird, kann es einen Austausch in der Gesamtgruppe geben.

Rolle des Teams: Eine moderiert. Sie gibt jeweils ein kurzes Zeichen, wenn alle mit geschlossenen Augen ihre Statue fertig gebaut haben. Der andere kann an der Übung teilnehmen. Achtung: Die Übung ist anstrengender für die Teilnehmenden als es zunächst scheinen mag.

Kommunikationsblockaden

In der Kommunikation gibt es Blockaden, die ein Gespräch schwierig machen und zu Mißstimmung oder sogar zum Gesprächsabbruch führen können. In unseren Beispielen unterhalten sich Person A und Person B. Zuerst unterbricht sie Person B ständig, im zweiten Beispiel stellt sie bohrende Fragen und im dritten werden alle Aussagen von ihr bewertet.

Arbeitsvorschlag:

Bitte kopiert das jeweilige Beispiel auf ein einzelnes Blatt in ausreichender Anzahl für die Teilnehmenden. Es werden alle aufgefordert, auf der Kopie den Dialog selbst fortzusetzen. Einige können danach im Plenum vorgelesen oder gespielt werden.

1. Unterbrechen:
A: Stell Dir vor, ich habe gelernt, wie Brüche geteilt werden, und ich war froh, als ich endlich begriffen habe, wie die ...
B: Richtig schwierig ist erst Formelrechnen. Wenn Du erstmal eine Formel verstehst, macht es richtig Spaß.
A: Oh, Du glaubst nicht, wie froh ich war, als ich endlich begriffen habe, wie die...
B: Formelrechnen ist sehr schwierig, aber interessant. Wenn Du erst mal die Formel verstehst, mit der du arbeitest, macht es richtig Spaß.
A: Zu den Formeln bin ich noch gar nicht durchgedrungen. Als ich gelernt habe, wie man mit Brüchen multipliziert, fühlte ich mich genauso, ich...
B: Brüche multiplizieren ist leicht; kann ich Dir beibringen.
A: Ich weiß jetzt wie; ich konnte nur nicht so leicht begreifen, wie man sie teilt. Ich habe nur...
B: Meine große Schwester hat jetzt Trigonometrie. Wenn du Brüche kompliziert findest, dann schau Dir mal ihr Trigonometriebuch an.

2. Bohrende Fragen:
A: Hallo, ich war letztes Wochenende bei meinen Großeltern auf dem Bauernhof und ...
B: Welche Großeltern?
A: Die von meiner Mutter. Also auf dem Hof, da...
B: Wo ist denn der Hof?
A: Er liegt ungefähr 50 km nördlich von hier.
B: Oben in den Bergen?
A: Nein, nahe dran, aber nicht in den Bergen. Wie auch immer, als ich auf ihrem Hof war, lernte ich ihre Kuh zu melken und...
B: Wer hat es Dir beigebracht?
A: Meine Mutter.
B: Ich dachte, Du warst auf dem Hof Deiner Großeltern.
A: Ja, aber meine Mutter ist dort aufgewachsen ,und sie kann Kühe melken.
B: Aha. Wie schnell hast Du es gelernt?
A: Ganz schnell. Also ich...

3. Bewerten:
A: Wir wollen in der Schule Holzpuppen bauen und ein Puppentheater vorführen.
B: Das hört sich ja blöd an.
A: Es macht bestimmt Spaß, eine Puppe zu bauen, aber ob ich das kann?
B: Jaa, Du bist ein bißchen ungeschickt.
A: Hm, ich möchte es jedenfalls versuchen.
B: Prima. Auch wenn Du manche Sachen nicht so gut kannst.
A: Oh, das schwierigste wird sein, die Fäden anzubringen.
B: Was Du Dir für Sorgen machst. Das kann nichts werden, wenn Du Dich jetzt schon darüber aufregst.

Quelle: Geraldine Ball 1974, Übersetzung: Angela Mickley

Zeit: 60 Minuten

Kontrollierter Dialog

Kurzbeschreibung:
Wenn wir diskutieren und über eigene Argumente nachdenken, geht uns die Aufmerksamkeit für die Argumente der anderen verloren. War es bei „double anger" eine Ratgeberin, die uns auf die Stimmungen, Ängste und Bedürfnisse des Gegenübers hinwies, so sind es jetzt die Streitenden selbst, die auf die Äußerungen des jeweils anderen achten. Ein Beobachter hilft bei der anschließenden Reflexion.

Ablauf: In einem Brainstorming werden Themen gesammelt, zu denen es in der Gruppe unterschiedliche Meinungen geben kann (Abtreibung, Legalisierung von Drogen, Kampfeinsatz der Bundeswehr usw.). Es finden sich immer drei Teilnehmende zusammen. Von diesen drei werden zwei zu Streitenden, die eine unterschiedliche Position zu einem der Themen einnehmen. Die dritte Person ist Beobachterin.
Eine beliebige Person A beginnt mit einer nicht zu langen Aussage. Bevor Person B antworten darf, muß sie sich bei A versichern, daß sie das Argument richtig verstanden hat. B faßt also die Aussage von A zusammen und fragt nach, ob die Wiedergabe richtig war: *„Ich habe Dich jetzt so verstanden: ... Hast Du das so gemeint?"* Wenn A sich mißverstanden fühlt, wiederholt sie ihre Aussage und korrigiert das Mißverständnis. *„Ich habe mich mißverständlich ausgedrückt. Ich meinte ...".* Erst wenn B die Aussage von A richtig verstanden hat, kann sie ihr eigenes Statement abgeben, das sich auf die Aussage von A bezieht.

Die Beobachterin sieht dem Streit zu und macht sich anhand von Kriterien des Beobachtungsbogens Notizen. Sie achtet darauf, ob die Regeln eingehalten werden und sich die Streitenden aufeinander beziehen. Bitte gebt der Beobachterin das Handout 2 zur Orientierung und das Handout 3 für eigene Notitzen.

Variante für Schulklassen: Die Pro- und Kontragruppen sitzen sich in einer Plenumsdiskussion gegenüber. Die Schüler nehmen sich gegenseitig dran, wobei jedoch nur jeweils eine Person von der gegenüberliegenden Seite aufgerufen werden darf. Es gibt mindestens zwei Beobachter, die sich jeweils auf eine Gruppe konzentrieren.

Auswertung: Die Beobachter schildern, was sie beobachtet haben: *„Ich habe beobachtet, daß ...".* Dabei schildern sie positive Beobachtungen genauso wie Regelverstöße. Es folgt in der Dreiergruppe ein Austausch über die Fragen: Wie lang darf eine Aussage sein, damit sie noch verstanden und wiederholt werden kann? Welche anderen Schwierigkeiten gab es, sich auf den anderen zu konzentrieren? Es soll in der Auswertung nicht inhaltlich diskutiert werden. Der Beobachter trägt die wesentlichen Ergebnisse der Auswertung in der Gruppe vor.

Rolle des Teams: Das Team moderiert das Brainstorming. Die Teamer sollen in der Übung nicht die beschriebenen Beobachter sein, sondern den gesamten Ablauf beobachten.

Beobachtungsschema für Verhaltensweisen bei Konfliktbearbeitung

	Typisches Verhalten	Wirkung auf andere	Löste dieses Verhalten Probleme?
Vermei-dung			
Konfron-tation			
Problem-lösung			

Verhaltensweisen in Konfliktgesprächen

	Vermeidung	**Problemlösung**	**Konfrontation**
Gesprächsverhalten	Sich unterbrechen, unterordnen und in Stereotype drängen lassen	Gefühle, Bedürfnisse und Wünsche direkt ausdrücken	Andere unterbrechen, unterordnen und in Stereotype drängen
Blickkontakt	Wenig Blickkontakt suchen	Guten Blickkontakt pflegen	Intensiven und starrenden Blickkontakt erzwingen
Haltung	Schlechte Haltung oder Opferhaltung einnehmen	Gerade Haltung und zuversichtlichen Ausdruck haben	Eine bedrängende und arrogante Haltung einnehmen
Umgang mit Informationen und Gefühlen	Informationen, Meinungen und Gefühle zurückhalten	Bereitschaft zur Offenlegung von Informationen, Meinungen und Gefühlen	Verschleiern von Informationen, Meinungen und Gefühlen
Zuhören	Schlecht und unzureichend zuhören	Gut und aktiv zuhören	Schlecht und abweisend zuhören
Empfinden zur eigenen Position	Unentschlossen sein	Entscheidungsorientiert sein und eine klare Position beziehen	Dominieren
Auftreten	Sich entschuldigen, weggehen, Vermeidungsverhalten	Konflikte und Streit bearbeiten	Laut und sarkastisch sein, beschuldigen und beleidigen

Zeit: 45 Minuten

Der doppelte Ärger – double anger

Ablauf: Es werden Fünfer-Gruppen gebildet. Zwei Personen sind die Disputanten, die eine Auseinandersetzung führen, zwei Personen sind die jeweiligen Ratgeber der Disputanten, und eine Person moderiert und beobachtet anhand des Beobachtungsschemas (Handout 2) den Disput. Auf Karten wird nur den Disputanten eine Situation vorgegeben. Sie beginnen zu streiten. Wenn der Streit einige Minuten läuft, unterbricht die Moderatorin den Streit mit dem Wort „freeze". Der Streit ist eingefroren. Die Disputanten gehen mit ihren Ratgeberinnen jeweils in eine Ecke. Dort erzählt die Ratgeberin, was ihrer Meinung nach der Konflikt und der Schmerz in der Situation ist.
Mit dem Wort „action" ruft die Moderatorin die Disputanten nach ein bis zwei Minuten wieder zusammen, und der Disput geht weiter. Auf „freeze" ist wieder eine Pause, in der die Ratgeber etwas zu den Bedürfnissen der Disputanten sagen. Beim dritten „freeze" äußern sie sich zu den Befürchtungen. Ein viertes und letztes „freeze" beendet das Rollenspiel. In der 5er-Gruppe wird die Situation kurz geklärt und der Konflikt mit Befürchtungen und Bedürfnissen noch mal nachvollzogen.

Auswertung: Inwiefern beeinflußt das Eingreifen der Ratgeberinnen die Disputanten? Ermöglicht ihr Ratschlag einen besseren Blick auf das, was der andere denkt? Wenn ja, welche Folgen für das eigene Gesprächsverhalten hat das? Der Moderator teilt seine Beobachtungen zum Gesprächsverhalten mit.

Rolle des Teams: Das Team kann sich gut in die Rolle der Moderatorin begeben.
Ist die Gruppe nicht durch fünf teilbar, sind die verbleibenden Teilnehmenden Beobachterinnen.

Kurzbeschreibung:
Wer sich in einem Streit (Disput) befindet, denkt zunächst über seine eigenen Argumente nach. Im Streit sind die Streitenden so sehr mit sich beschäftigt, daß es ihnen schwer fällt, sich in andere reinzudenken. Eine Ratgeberin zur Seite zu haben, die unvoreingenommen schildert, was sie sieht, kann eine wunderbare Hilfe sein.

Die Rollen sollen den Spielerinnen verdeckt gegeben werden. Es können auch ähnlich widersprüchliche Rollen selbst geschrieben werden.

Beispiel: Vater und Sohn

Rollenbeschreibung des Vaters:
Der 17jährige Sohn ist in den letzten Wochen immer sehr spät nach Hause gekommen. Oft ist er auch erst nach der vereinbarten Zeit um 22.30 Uhr zu Hause gewesen. Das paßt dem Vater nicht. Er ist sauer, daß sein Sohn „so häufig" die Vereinbarungen bricht. Er hat Angst, daß der Sohn in die Drogenszene abrutscht. Diese Angst teilt er ihm im Gespräch jedoch nicht mit. Er versucht auf eine andere Art herauszubekommen, was los ist, um wieder Vertrauen zu gewinnen.

Rollenbeschreibung des Sohns:
Der Sohn hat gerade einen tollen Freundeskreis gefunden. In dieser Gruppe ist ein Mädchen, in das er verliebt ist. Das will er dem Vater nicht sagen. Er ist kaum bereit, etwas über die Leute aus seiner Gruppe zu sagen, weil er Angst hat, daß das Gespräch auf die „große Liebe" gelenkt wird.

„Mensch greif' doch ein!"

Über unser Urteilsvermögen

„Mensch, greif' doch ein!", ruft sie errregt. ***„Warum denn?"***, fragt er genervt, ***„der macht doch gar nichts!"*** und wendet sich mit seinem entgegengesetzten Urteil ab.

Vorurteile und Feindbilder - in dem einen Begriff steckt „urteilen" und in dem anderen „sich ein Bild machen". Beides gehört zu den Voraussetzungen, um in Konfliktsituationen eingreifen zu können. „Ist mir der Streit meiner Nachbarn nur zu laut, oder geht es mich etwas an, wenn im Streit das Kind geschlagen wird?". „Die Frau da am anderen Ende des U-Bahnwaggons wird mächtig bedrängt. Hatte sie den Typen nicht selbst dazu aufgefordert? Oder ist sie unschuldig, und er belästigt sie?".

In diesem Kapitel geht es um Konfliktverhärtung, die uns im Handeln leitet. Und es geht um das Urteilen und die Fähigkeit, schnell und spontan das Richtige zu tun.

Menschen, die einschreiten und in brenzligen Situationen für Klärung sorgen, gibt es nicht so häufig. Wir sehen uns oft nur selbst und fragen: „Was geht mich das an?", oder wir gehen grundsätzlich lieber den bequemeren Weg. Auf einem unserer Seminare gab es dazu folgende Diskussion:

A: „Sehr schwer ist es, das eigene Gewissen einzuschalten, auch wenn ich denke, daß es so sein muß. Ich frage mich: Wo bin ich gehorsam? Wo schalte ich mein Gewissen aus, weil es bequem ist? - täglich beim Einkaufen oder kauf' ich immer die richtigen Produkte?"

B: „Jeder ist für sich selber verantwortlich. Wenn ich zum Beispiel etwas falsch sage, dann muß ich mir selber überlegen, ob ich mich entschuldigen will oder nicht. Ich muß ja mit dem schlechten Gewissen leben und nicht der andere. Ich kann jemanden zu Rate ziehen, doch das schlechte Gewissen kann er mir nicht nehmen."

A: „Da stimme ich nicht ganz zu. Als Gewissensproblem empfinde ich nicht, 'etwas Schlechtes' zu tun. Das kann ich nämlich oft vermeiden. Viel schwerer ist es, genau das Richtige zu tun."

B: „Ja. Die Überwindung beginnt an dem Punkt, an dem ich aktiv werden muß."

Die Diskussion gibt sehr gut wieder, in welchem Widerspruch wir stecken. Wann fühle ich mich nur für mich verantwortlich, und wann muß ich mich engagieren, weil ich Verantwortung für andere trage? „Zivilcourage ist", wie Elie Wiesel sagt, „der Blitz von Klarheit, von Erkenntnis verwandelt sich sofort in Tat" und hat Erfolg. Bevor ich handle, muß ich eine Erkenntnis haben und ein Urteil fällen. Manchmal muß ich „blitzartig" entscheiden, ob das, was jemand tut, gut oder schlecht in meinem Sinne ist. In unserer Gesellschaft fürchten sich viele Menschen davor, ein Urteil zu fällen. Sie fragen sich: „Wer bin ich, daß ich über andere richte? Was maße ich mir mit meinem Urteil an?". Die Antwort darauf ist, daß jeder ständig Urteile fällt. Stets findet eine Prüfung der Situation statt. Unser Gewissen spricht seine Antwort schnell: Ein gutes Gewissen läßt mich in Ruhe und ein schlechtes drängt mich zur Handlung oder zu einer Begründung, warum ich nicht gehandelt habe, und d.h. zur Verdrängung. Viele Menschen haben vor einem öffentlichen Urteil Angst. Mit ihrem Urteil treten sie aus der Rolle der Unbeteiligten heraus. Sie befürchten dabei, daß sie sich an dem Maßstab messen lassen müssen, den sie an andere anlegen. Wenn sie selbst urteilen, wird auch ein Urteil über sie möglich. Deshalb fällt uns ein Urteil über andere sehr leicht, wenn wir uns auf den ersten Blick nicht mit dem Beurteilten messen müssen. So ist es leicht, eine islamische Frau dafür zu verurteilen, daß sie ein Kopftuch trägt. Einen Christen betrifft das Problem des Kopftuchtragens nicht persönlich, und er kann leicht verdrängen, daß er nur andere Unterdrückungsmechanismen benutzt. Eine Verurteilung ist auch dann leicht, wenn der Maßstab, mit dem gemessen wird, problemlos an den Urteilenden selbst angelegt werden kann. Die geplante Versenkung der Bohrinsel „Brent Spar" durch die Shell ist z.B. leicht zu verurteilen. Niemand, der dagegen protestiert, versenkt schließlich seinen ausrangierten PKW im Baggersee. Verurteilt wird nur die Art und Weise, wie Abfälle aus der Benzinproduktion entsorgt werden sollen, nicht die Benzinproduktion selbst. Deshalb ist es so leicht mit dem Gewissen zu vereinbaren, Shellbenzin zu boykottieren und an einer anderen Tankstelle zu tanken. Gegen die Benzinherstellung selbst zu protestieren hätte in letzter Konsequenz bedeutet, selbst nicht Auto zu fahren.

In den Situationen, in denen mit dem Urteil auch das eigene Handeln hinterfragt werden muß, wird der Unwille, ein Urteil zu fällen, oft mit Toleranz begründet. So verlangen Soldaten immer wieder von Kriegsdienstverweigerern: „Sei doch auch mir und meiner Art gegenüber, Konflikte zu lösen, tolerant." Viele Kriegsdienstverweigerer stimmen dem zu und sagen: „Jeder auf seine Weise." Toleranz wird hier jedoch falsch verstanden. Toleranz darf nicht dazu führen, die eigenen Werte ausschließlich an das eigene Handeln anzulegen. Der Kriegsdienstverweigerer lehnt die militärische Konfliktlösung zwischen Staaten ab und hält das Töten im Krieg für falsch. Er vertritt die Auffassung, daß das menschliche Leben das höchste Gut ist und kann die Grenze für diesen Wert nicht nur bei seiner Person ziehen. Denn würde er konsequent nur über sich selbst urteilen, müßte er auch die Mordanschläge gegen Flüchtlinge urteilslos hinnehmen. Um Urteile aussprechen zu können, müssen wir unsere eigenen Werte erkennen und die Fähigkeit entwickeln, sie öffentlich zu vertreten. Das Urteil sollte nicht an die Person gebunden werden, sondern an die Tat, die begangen wird. Dann kann es auch nicht erschrecken, daß der eigene Maßstab an einen selbst angelegt wird. Der Kriegsdienstverweigerer verurteilt z.B. nicht den Menschen, der in der Uniform steckt. Der soll Mensch bleiben und seinen Interessen nachgehen; er soll aber aufhören, Soldat zu sein. Ein Urteil, das an die Tat gebunden ist, kann als Chance verstanden werden, weil es dem Beurteilten ermöglicht, sich zu ändern.

Für schnelles und sicheres Eingreifen in Konfliktsituationen, aber auch für die „richtige" Intervention in Konfliktverläufen, die sich über einen längeren Zeitraum erstrecken, ist ein Urteil nötig. Oft ist das Urteil sogar schon gefällt, bevor überhaupt über den Konflikt nachgedacht wurde. In dem kleinen Text, der in der Überschrift steht, könnte der erste Satz auch lauten: „Ich finde, das ist ja widerlich, was der da macht. Mensch, greif doch ein!" Die Tat ist schnell anhand eigener Kriterien verurteilt. Selbst wenn es jetzt Gründe gäbe, die die Eingreiferin zu einem anderen Urteil kommen ließe, kann sie sagen: „Aus dem, was ich sehen konnte, habe ich richtig geurteilt. Mit neuen Informationen urteile ich vielleicht anders." Sicher besteht die Gefahr, mal ein vorschnelles Urteil zu fällen. Das ist aber noch kein Vorurteil. Vorurteile sind an Personen gebunden, kommen oft ohne jede erlebte Information aus und werden vom Vorverurteilenden nicht mehr in Frage gestellt. In dieser Situation würde ein Vorurteil zu dem Satz führen: „Was macht denn das Schwein da? Mensch, greif doch ein!" Wenn der Mann dann von der Seite angemacht wird, entsteht ein ganz neuer Konflikt, der nur durch das transportierte Vourteil entbrennt. In Situationen, in denen z.B. Frauen bedrängt und belästigt werden, ist die erste Frage an die Belästigte zu stellen. Wenn sie gerade, wie im Kapitel Angst dargestellt, wie das Kaninchen vor der Schlange sitzt und nicht weiß, wie sie sich aus dieser Position befreien soll, wird sie sich durch die Frage aus der Starre lösen und aus der Position herauskommen können. Wenn sie jedoch meint, daß es ihr nichts ausmacht und sie sowieso gleich aussteigt, ist die Situation auch so gelöst. Die handlungsleitenden Fragen für ein schnelles Eingreifen in Anmachsituationen sind an die Bedrängte: „Fühlen Sie sich belästigt?" und an den Angreifer: „Warum machen Sie die Frau (oder den Mann) an? Was tun Sie da?" Danach sind wir als Einmischende mit dem Urteil dran und sollten dieses mit Vorschlägen für eine veränderte Situation verbinden. Zum Beispiel: „Ich finde das nicht gut. Lassen Sie die Frau (oder den Mann) in Ruhe!"

Urteile, und nicht Vorurteile, sollten die Grundlage für eine Konfliktlösung sein. Mit Vorurteilen kommt es rasch zur Verhärtung einer Konfliktsituation. Überzeugungen prallen aufeinander. Die eine Konfliktpartei hat zwar deutlich gehört, was die andere meint, doch deren Einstellung scheint total abwegig. Wenn es z.B. um Musik oder Klamotten geht, treffen verschiedene Einstellungen aufeinander, mit denen etwas als schön, häßlich oder total out beurteilt wird. Die Steigerung ist, daß ich mich frage: „Wie kommt die auf den Gedanken, jetzt nur noch Röcke zu tragen?" Es werden Vermutungen über dieses Verhalten angestellt und nicht nachgefragt, was wirklich der Hintergrund dafür ist. Dann ist es ein Leichtes, die eigenen Vermutungen in der Klasse weiterzuerzählen und sich Verbündete zu suchen. Das Mädchen mit dem Rock war inzwischen auch nicht untätig, sondern hat sich selbst Verbündete gegen die gesucht, die immer „so schlampig rumlaufen". Durch das Tuscheln, das Hinter-dem-Rücken-über-die-anderen-sprechen, durch Blicke und Voreinanderausweichen (wie sollten sie sonst auch tuscheln!) wird die Gruppenbildung spürbar. Die Gruppenbildung als solche hat durchaus zwei Seiten: Die positive Seite daran ist, daß das Tuscheln und das Sich-voneinander-abgrenzen für jede nötig ist, um sich zu identifizieren und Bestätigung zu finden. Die Kritik an anderen Leuten stellt Solidarität untereinander her.

Die negative Seite wird in der Konflikteskalation sichtbar. Es kommt zu öffentlichen Angriffen. Jemand tritt in der Pause auf die schick gekleidete Gruppe zu und wagt eine Äußerung, die sich vorher in der eigenen Gruppe herausgebildet hat. „Wollt Ihr Euch mit den schicken Klamotten beim Lehrer einschmeicheln, oder was?" Darauf entgegnen die anderen sofort: „Besser, als so abgerissen und stinkend rumzulaufen wie Ihr!" Beide Seiten bauen ihr Vorurteil bereits in die Äußerung mit ein. Von diesem Punkt an kann der Konflikt richtig eskalieren, weil das jeweils andere Bild bestätigt wird. Die „schicke" Gruppe wird indirekt gefragt, ob sie angeben will. Mit dieser Vermutung geben die „Abgerissenen" den „Schicken" zu erkennen, daß sie sich lieber anders verhalten, um sich auf keinem Fall beim Lehrer anzubiedern. Ein solcher Konfliktverlauf kann sich innerhalb kurzer Zeit abspielen, und durch Herabwürdigung des jeweils anderen wird es in kürzester Zeit zu Spannungen und Gewalt kommen.

Für die Bearbeitung in der Gruppe oder in der Schulklasse werden keine Fallbeispiele vorgegeben. Entscheidender ist es, an den Problemen der Teilnehmenden zu arbeiten (die z.B. im Fragebogen zu Gewalt gesammelt werden können). Es kann nur um konkrete Situationen der Teilnehmenden gehen, für die wir Lösungen suchen. Vorgegebene Beispiele sind immer fremde Situationen, über die wir zwar urteilen können, die uns jedoch nicht bei unserem eigenen Verhalten weiterhelfen. Der folgende Methodenplan ist so gehalten, daß auf der Basis einer Anregung die Inhalte von der Gruppe selbst erfragt bzw. gesammelt werden müssen.

Literaturhinweis

Arendt, Hannah: "Persönliche Verantwortung in der Diktatur", in: dies., "Israel, Palästina und der Antisemitismus", Berlin 1991, Seite 7–38, 15,80
In diesem Aufsatz nimmt Hannah Arendt Stellung zu den Reaktionen auf ihren Bericht zum Prozeß gegen Adolf Eichmann in Jerusalem 1962. Sie hatte heftige Reaktionen ausgelöst, und noch heute ist der Titel „Die Banalität des Bösen" sehr bekannt. Zum Thema Urteilen ist der Aufsatz wichtig, weil sie ihre Urteilsfähigkeit unterm Faschismus beschreibt. Wie ist es, unter solchen Verhältnissen „Rädchen im Getreibe" zu sein? Wie verändern sich meine Urteile, wenn sich die Welt um mich verändert? Dies ist sicherlich eine besondere Situation, bringt aber für heutige Leser den Blick, in welchen Verhältnissen wir leben und urteilen. Viele Passagen lassen sich als Thesen für den Unterricht verwenden.

Vorschlag für einen methodischen Ablauf:

Wie wir ein Urteil fällen:
- ▶ Schreibendes Urteil
- ▶ Parolen Paroli bieten

Mit Widersprüchen umgehen:
- ▶ *Widerspruchsbild* *(s. S. 117)*
- ▶ Nur noch ein Viertelstündchen

Wie sich Konflikte verhärten:
- ▶ Die unendliche Geschichte eines Konflikts
- ▶ Stufen der Konflikteskalation (Handout Urteilsvermögen 1)
- ▶ So ein Dilemma! Eine Geschichte mit Widersprüchen
- ▶ Die Currygeschichte (Handout Urteilsvermögen 2)

Zeit: 45 Minuten

Schreibendes Urteil

Kurzbeschreibung:
In Kleingruppen werden zu einem Zitat von Hannah Arendt schreibend Meinungen ausgetauscht. Es geht dabei um Urteilen, Vorverurteilen und um die persönliche Verantwortung zu handeln.

Ablauf: An den Beginn von zwei hintereinander geklebten DIN-A4-Zetteln wird jeweils ein Zitat von Hannah Arendt geschrieben (das Zitat ans Ende des Blattes schreiben). Jede Person in der Kleingruppe, die vier bis fünf Personen groß sein sollte, erhält einen Zettel mit dem Zitat. Alle schreiben einen ersten Eindruck zu diesem Zitat auf. Wenn sie fertig sind, kommen die Zettel wieder in die Mitte. Die Nächste nimmt sich einen Zettel und schreibt zu der geäußerten Meinung ihre Ansicht. Danach knickt sie den Zettel so, daß die erste Meinung nicht mehr zu sehen ist und legt das Endlosblatt wieder in die Mitte. In dieser Form entsteht eine schreibende Diskussion, in der jede nur auf jeweils ein Argument reagiert. Nach einer Viertelstunde werden die Endloszettel in ihrer gesamten Länge vorgelesen, und es beginnt ein Austausch über den Diskussionsfaden. An welcher Stelle wurde wie eingehakt? Über die Ergebnisse erfolgt ein Austausch im Plenum.

Zitat 1: *„Wie kann ich Recht von Unrecht unterscheiden, wenn die Mehrheit oder meine gesamte Umgebung die Frage schon vorentschieden hat?"*

Zitat 2: *„In welchem Umfang, und wenn überhaupt, können wir vergangene Ereignisse und Vorfälle beurteilen, bei denen wir nicht zugegen waren?"*

Variante 1: Ein Durchgang mit nur einem Zitat und ein zweiter Durchgang nach dem Austausch im Plenum mit dem zweiten Zitat.

Variante 2: Die Gruppe bekommt mehr Zeit. Wenn die Gruppe bereits im Thema drin ist, besteht oft der Wunsch, sehr lange in dieser Form zu diskutieren. Auch wenn die vorhergehenden Argumente immer weggeknickt werden, ergibt sich ein spannender Diskussionsfaden, bei dem der Spannungsbogen manchmal länger ist als in üblichen Diskussionen.

Variante 3: Wenn es der Gruppe schwerfällt, nur nach diesen Zitaten zu diskutieren, sollten zuerst Beispiele auf dem Endlospapier gesammelt werden.

Auswertung: Zu welchen Punkten sollte die schriftlich begonnene Diskussion vertieft werden? Wer bereitet aus der Gruppe eine vertiefende Diskussion vor? Wie war der Gruppenprozeß? Hat die Methode das Diskussionsergebnis gefördert, oder gab es Hemmungen?

Rolle des Teams: Mitarbeit in den Kleingruppen. Beispiele sammeln, wenn die Teilnehmenden nicht abstrakt diskutieren wollen. Auswertungsmoderation.

Zeit: 30 Minuten

Parolen Paroli bieten

Kurzbeschreibung:
Mit dieser Übung soll gelernt werden, auf verbale Anmache und Parolen zu reagieren. Die Übung soll helfen, die eigene Sprachlosigkeit zu überwinden. Es sollten schon erste Übungen zu inhaltlichen Argumenten stattgefunden haben. Die Übung kann in der Gruppe häufiger wiederholt werden. Erst dann erhält sie den Übungscharakter, der für die Realität hilfreich ist.

Ablauf: In einem Brainstorming werden Parolen und dumme Sprüche gesammelt. Dabei ist alles erlaubt, was den Teilnehmenden in der Öffentlichkeit schon aufgefallen oder selbst widerfahren ist. Die Parolen werden auf einer Wandzeitung gesammelt. Aus dieser Parolensammlung sucht sich jede Teilnehmende zwei heraus, schreibt sie auf je ein Blatt Papier und faltet das Papier zusammen. Die Blätter werden eingesammelt, gemischt und wieder ausgeteilt. Die Teilnehmenden öffnen die Blätter noch nicht. Die Gruppe stellt sich in einem Kreis auf. Nach und nach können die Teilnehmenden jeweils einen Zettel öffnen und die Parole der Gruppe vorlesen. Die Parole wird in die Runde „geworfen", und alle haben die Möglichkeit, eine Reaktion in die Runde zu rufen. Dabei kommen die verschiedensten Lösungen zusammen, die die Gedanken für kreative Reaktionen anregen.

Variante: Die Variante sollte gewählt werden, wenn neben der kreativen Reaktion auch das Auftreten in der Öffentlichkeit geübt werden soll. Die Parole wird nicht in die Runde gerufen, sondern zwei Personen treten in den Kreis. Eine Person liest ihre Parole vor, die andere reagiert darauf.
Die Variante ist ein bißchen schwieriger, weil die Reaktion vor der ganzen Gruppe gespielt werden muß. Es entspricht aber der Realität, daß der eigene Standpunkt vor der Öffentlichkeit vertreten werden muß.

Auswertung: Was soll mit einer schlagfertigen Reaktion auf eine Parole erreicht werden? Welche Wirkung hinterläßt sie bei den Pöbelnden und bei den Reagierenden? Eine Auswertung ist jedoch nicht unbedingt notwendig.

Rolle des Teams: Ein Teamer moderiert die Übung und sammelt die Parolen auf der Wandzeitung. Beide nehmen an den Parolenrunden teil.

Zeit: 30 Minuten

Nur noch ein Viertelstündchen!

Kurzbeschreibung:
In einem kleinen Rollenspiel geht es um die widerstreitenden Momente in einem Menschen. Wenn ich morgens aufstehen muß und noch ein Viertelstündchen liegen möchte, dann argumentiere ich mit mir selbst hin und her. Dieses Hin und Her wird von zwei Personen dargestellt.
Mit der Übung können die Widerspruchsbilder (S. 117) vertieft werden.

Ablauf: Im Plenum werden Beispiele zu folgenden Fragen gesammelt: Wann fühle ich mich zwischen zwei Handlungen hin- und hergerissen? Wenn ich morgens im Bett liege und denke, ach, wenn ich jetzt nicht zur Schule müßte… Doch ich muß hingehen, sonst schimpft meine Mutter… und so weiter. Das ist ein Beispiel. Weitere können aus den Widerspruchsbildern (S. 117) genommen werden.
Zwei Personen spielen nun diesen sich widerstreitenden Körper. Der Rest der Gruppe sieht zu. Bei dem „Viertelstündchen" liegen sie in der Mitte des Raumes. Die eine Person möchte gerne frisch zur Schule und hat gute Argumente dafür, und die andere Person macht den Gegenpart und findet lauter Argumente, länger liegenzubleiben. Argumentativ ziehen die Personen sich mal mehr aus dem Bett raus und mal mehr rein. Geht der einen Seite das Argument aus, kann sie auf eigenen Wunsch durch eine Zuschauerin ersetzt werden. Es ist ein kleiner Wettstreit zwischen zwei Seiten einer Person, dargestellt durch unterschiedliche Gruppenmitglieder. Weiter geht es mit neuen Darstellerinnen oder einem anderen Thema aus den Widerspruchsbildern.

Auswertung: An die Schauspieler wird die Frage gerichtet, wie sie sich in der Rolle gefühlt haben und an das Plenum die Frage: Könnt Ihr den Verlauf der Kontroverse noch einmal beschreiben? Erinnert es Euch an eigene Widersprüche?

Rolle des Teams: Einführung in die Rollen. Beispiele sammeln und zum Spielen animieren.

Zeit: 90 Minuten

Die unendliche Geschichte eines Konfliktes

Kurzbeschreibung:
Ein Konflikt nervt uns am meisten, wenn er kurz vor dem Umkippen ist, oder es bereits geknallt hat. Bei dieser Übung geht es um die Vorgeschichte und die Fragen, wann der Konflikt angefangen hat und wann das Geschehen eskalierte. Anhand von erlebten Konflikten soll genauer untersucht werden, wie der gesamte Verlauf war. Durch die gemeinsame Widerspiegelung und den Rat der Gruppe wird versucht, die Punkte zu finden, an denen Veränderungen und alternative Handlungen möglich sind.

Ablauf: Auf der folgenden Seite ist eine Kopiervorlage zu den sechs Stufen der Eskalation in einem Konflikt abgedruckt, wie sie Friedrich Glasl 1992 in seinem Buch Konfliktmanagement beschrieben hat. Anhand der Vorlage kann in einem kleinen Vortrag ein Überblick darüber gegeben werden, wie ein Konflikt typischerweise verläuft.
Im ersten Schritt bekommen die Teilnehmenden die Aufgabe, einen Konflikt mit einer längeren Vorgeschichte auszuwählen. Jeder soll den Konflikt für sich auf einem Blatt Papier niederschreiben. Soweit es möglich ist, soll der Konflikt in seinen Stufen beschrieben werden. Es sollte sich möglichst um einen eigenen Konflikt handeln, da bei einer Konfliktbeschreibung aus zweiter Hand nicht immer alle Informationen parat sind. Zu beachten ist, daß die Bearbeitung intensiver ist und länger dauert, wenn die Teilnehmenden selbst Teil des Konfliktes sind.
In einem zweiten Schritt finden sich Dreiergruppen zusammen. Das Team sollte hier darauf hinweisen, daß eine Geschlechtertrennung auf Wunsch der Teilnehmenden möglich ist. Die Dreiergruppe einigt sich auf einen Konflikt, der von einer Person erzählt wird, während die zweite zuhört und die dritte das Gespräch zusammenfaßt. Es ist in dieser Runde das Ziel, daß der Fragende weitere Stufen im Konfliktverlauf entdeckt.
Im dritten Schritt soll jeder in der Kleingruppe den mitgeschriebenen Konflikt zur Hand nehmen und Vorschläge machen, an welchen Punkten eine andere Wendung möglich gewesen wäre. Die Vorschläge bitte erst allein notieren und dann vorstellen. Achtung: Wenn es sich um einen Konflikt handelt, der noch nicht beendet ist, sollte am Schluß eine Empfehlung gegeben werden, wie es in Zukunft weitergehen kann. Ein Konflikt ist nur zukünftig lösbar, deshalb sollte die Konfliktbearbeitung eines noch bestehenden Konfliktes immer nach vorne gelöst werden und zwar nach dem Motto: Was nehme ich mir vor, um den Konflikt zu verändern? Alle gewünschten Verhaltensänderungen, die sich auf die Vergangenheit beziehen, können nichts bewirken, weil Zeit und Gelegenheit dafür vorbei sind.
Vierter Schritt: Die Lösungsvorschläge werden gesammelt. Ein Konfliktverlauf mit Lösungen wird von einer Person aus der Kleingruppe im Plenum vorgestellt.

Auswertung: Wie war der Kleingruppenprozeß? Welche Probleme gab es, den Konfliktverlauf zu schildern? Haben die Ideen der Ratgebenden eine Wendung in der Sicht auf den Konflikt gebracht?

Rolle des Teams: Einführung ins Thema. Betreuung der Kleingruppenarbeit durch Zeitvorgabe und kurze Besuche in den Kleingruppen, um die Schritte eventuell noch einmal zu verdeutlichen. Die jeweiligen Rollen „Erzähler", „Zuhörer" und „Protokollant" sind wichtig, um den Konflikt aus verschiedenen Sichtweisen zu betrachten. Eine Teamerin moderiert das Plenum, während die andere mitschreibt, um am Ende eine Zusammenfassung zu präsentieren.

Stufen der Konflikteskalation

Arbeitsvorschlag:

In dem Text zum Urteilvermögen wurde schon sehr anschaulich, wie schnell sich ein Konflikt verhärten kann. Um mit diesem Modell der Konfliktstufen zu arbeiten, s. Vorschlag S. 106.

Verhärtung:

Standpunkte verhärten sich und prallen aufeinander, aber es besteht noch die Überzeugung, daß die Spannungen durch Gespräche lösbar sind. Noch keine starren Parteien oder Lager.

Debatte:

Polarisation im Denken, Fühlen und Wollen, Schwarz-Weiß-Denken, Sichtweise von Überlegenheit und Unterlegenheit.

Taten:

„Reden hilft nicht mehr.“ Strategie der vollendeten Tatsachen. Die Empathie geht verloren, Gefahr von Fehlinterpretationen.

Vorurteile:

Die Parteien manövrieren sich gegenseitig in negative Rollen und bekämpfen sich. Werbung um Anhänger.

Gesichtsverlust:

Öffentliche und direkte Angriffe, die auf den Gesichtsverlust des Gegners zielen.

Drohstrategien:

Drohung und Gegendrohung. Konfliktbeschleunigung durch Ultimatum.

Quelle: Zitiert nach Glasl, Stuttgart 1992

Zeit: 60 Minuten

So ein Dilemma! Eine Geschichte mit Widersprüchen

Kurzbeschreibung:
In den Geschichten, die das Leben schreibt, sind immer wieder Urteile zu fällen und Werte in eine Reihenfolge zu bringen. In der folgenden Geschichte, die in Kleingruppen diskutiert werden soll, ist die Aufgabe, eine gerechte Position bzw. ein Urteil zu den jeweiligen Personen zu finden.

Ablauf: Es bilden sich Kleingruppen à drei Personen. Alle lesen in der Kleingruppe die Geschichte. Zwei Personen diskutieren über die moralische Wertung der verschiedenen Personen in der Geschichte und versuchen, den anderen von der jeweils eigenen Einteilung und Unterscheidung zu überzeugen. Die dritte Person hört zu und bricht das Gespräch ab, wenn sie den Eindruck hat, daß sich die Positionen nicht mehr annähern. Sie protokolliert die Bewertungen der Handlungen der einzelnen Personen in der Geschichte, z.B.: Herr Sieb hat eindeutig richtig gehandelt, Herr Schulze war nicht ganz aufrichtig und danach Frau Kaneke, die hatte schon etwas Dreck am Stecken. Es geht auch um die eigene Meinung, was gerecht und was ungerecht ist.
Die Bewertungen sollen in eine Rangfolge gebracht werden. Danach wechseln die Diskutanten, so daß jeder einmal dran ist und jeder eine Bewertungsskala, alle Personen in einer Rangfolge, in Händen hat. Dann werden diese Werteskalen im Plenum ausgetauscht und die verschiedenen Positionen auf einer Wandzeitung eingetragen. Jede Person aus der Geschichte bekommt von jedem Teilnehmenden eine Wertung. In unserem Beispiel hat Herr Sieb einen Punkt, Herr Schulze zwei Punkte, Frau Kaneke drei Punkte, Frau Posenk vier Punkte und Frau Saale fünf Punkte erhalten.
Die Person aus der Geschichte mit der höchsten Punktzahl hat sich am negativsten verhalten. Die Person mit wenig Punkten hat von den Teilnehmenden am meisten Verständnis bekommen.

Auswertung: Es wird eine Werteskala der gesamten Gruppe gebildet. Die Auswertungsfrage ist, ob sich wirklich eindeutig moralisch urteilen läßt. Welche Schwierigkeiten gibt es bei so einer Geschichte, ein Urteil zu fällen?

Rolle des Teams: Moderation und Betreuung der Kleingruppen in Form von kurzen Besuchen und der Frage, ob sie methodisch klarkommen oder Fragen haben zur Bildung der Werterangfolge oder ähnlichem.

Die Curry-Geschichte

Herr Sieb gehört zu den gutaussehenden jungen Männern. Er hat einen Job im Im- und Export für Gewürze. Der Sitz der Firma Kanel ist in der Hamburger Speicherstadt. Dort ist das Unternehmen seit der Gründungszeit ansässig. Herr Sieb ist 25 Jahre alt und wohnt in der Hamburger Neustadt, unweit des Firmensitzes. Er hat bereits zwei Kinder, eins aus erster Ehe und eins mit seiner jetzigen Freundin.

Zu seinem Job gehört der Einkauf von Gewürzen. Damit verbunden sind diverse Auslandsreisen. Auf einer seiner Reisen lernt er Frau Kaneke kennen. Sie kommt aus Schweden und ist Vertreterin einer Firma, die ebenfalls Gewürze in aller Welt einkauft. Manchmal kommt sie auch mit der Hamburger Firma Kanel ins Geschäft. Frau Kaneke sieht sehr gut aus. Sie kommt mit Herrn Sieb ins Gespräch. Er erzählt ihr, daß er gerade eine Riesenmenge Curry für die Firma Kanel eingekauft hat. Da wird Frau Kaneke hellhörig. „Curry", sagt sie, „ich habe auch gerade Curry für den nordeuropäischen Markt einkauft." „Sagen Sie mal", fragt sie ihn vorsichtig, „kommt es nicht manchmal zu Wasserschäden in Ihren Lagerräumen? Am Hafen ist das doch bestimmt ein großes Risiko." Sie plauschen so weiter vor sich hin. Herr Sieb erzählt, daß er wegen seiner ersten Frau und ihrer sehr hohen Forderungen leider in finanziellen Schwierigkeiten sei. Frau Kaneke bedauert ihn und meint, sie könne ihn vielleicht trösten, wenn er an der Sache mit dem Curry etwas machen könne. Sie tauschen ihre Adressen aus und vereinbaren, daß Herr Sieb vielleicht einmal zum Urlaub nach Schweden kommt.

Wieder zurück in Hamburg, geht Herrn Sieb immer noch der Curry durch den Kopf. Er begutachtet das Currylager und stellt fest, daß es vom Nachbarspeicher her langsam feucht durchkommt. Ohne die Chefin Frau Posenk zu verständigen, wühlt er in den Firmenunterlagen und stellt fest, daß die Firma sehr gut gegen solche Schäden versichert ist.

Er ist sich jetzt sehr unsicher, ob er Frau Posenk im Urlaub verständigen soll oder doch Frau Kaneke in Schweden einen Hinweis geben soll. Er fragt seinen Freund Herrn Schulz um Rat, der klar sagt: „Was kümmert dich der Curry? Wenn der nach den Sommerferien nicht mehr zu gebrauchen ist, bekommt die Firma Kanel die volle Entschädigung von der Versicherung, und deine Frau Kaneke wird sich freuen, wenn sie im Herbst den nordeuropäischen Markt allein mit Curry versorgen kann."

Da Herr Sieb sich dieses Jahr keinen Urlaub leisten kann, faxt er aus der Firma an Frau Kaneke, daß er sie gerne in den Ferien besuchen würde. Er setzt hinzu, die Curryfrage habe sich erledigt. Herr Sieb macht Feierabend und läßt das Faxgerät alleine laufen. Kurz nach ihm kommt die Sekretärin Frau Saale noch einmal ins Büro, weil sie ihre Morgenpost vergessen hat. Sie wirft einen flüchtigen Blick auf das Faxgerät. Sie hatte den Herrn Sieb schon lange im Auge und jetzt ein Fax an die Konkurrenz und auf Kosten der Firma? Sie nimmt das Fax an sich und schickt es direkt an den Urlaubssitz der Frau Posenk. Die kombiniert blitzschnell und schickt sofort eine Nachricht an den Hausmeister, das Currylager zu besichtigen. Der behebt den Schaden.

Herr Sieb kommt freudestrahlend am nächsten Morgen ins Büro, weil er sich schon halb in Schweden mit seiner Familie sieht. Der Traum vom Swimmingpool und allem, was zu einem Luxusurlaub gehört, geht ihm durch den Kopf. Frau Saale empfängt ihn mit einem Gesicht wie aus Stein. „Sie sollen sofort Frau Posenk anrufen." Die teilt ihm am Telefon die Kündigung mit. Sie fühlt sich hintergangen, weil er privat mit der Konkurrenz spricht. Durch das Stichwort Curry meint sie, daß er von dem möglichen Wasserschaden im Lager wußte. Sie kann es nicht beweisen, fühlt sich aber von ihm hintergangen. Ihr wäre das Currygeschäft im Herbst entgangen. Herr Sieb habe zwar günstig eingekauft, sie aber an die Konkurrenz verraten.

Kurz danach kommt aus Schweden das Fax von Frau Kaneke. Sie teilt mit, daß ihre Ladung Curry nicht zu gebrauchen sei, weil schon beim Laden Wasser unter der Ladung im Schiff war, was die gesamte Fracht während der Fahrt vernichtet hat. Sie müsse ihn leider ausladen, weil sie jetzt viel Arbeit in andere Geschäfte stecken müsse.

Frage: Wer hat in dieser Geschichte den „meisten Dreck am Stecken"? Wer hat sich in welchem Grad moralisch falsch verhalten?

„Was is'n die Welt schon wert?"

Zur Bedeutung von Werten

„Schüler zieht Mitschülerin an den Haaren." Kein Problem, zu diesem Satz zu sagen, das ist aber ungerecht. „Mitschülerin schreit, wendet ihren Kopf und beißt dem aggressiven Mitschüler in die Hand." Ist das nun gerecht? Eine Grundlage für Zivilcourage ist das Gespür für Gerechtigkeit. Wenn jemand ungerecht behandelt wird und wir es bemerken, dann können wir sagen: „Halt, lassen Sie das. Es ist ungerecht, wie Sie diesen Menschen behandeln!" Im Training zum veränderten Umgang mit Gewalt muß über die Grundlage gesprochen werden, was gerecht ist und welche Werte uns wichtig sind. Es stellen sich die Fragen: Was sind für mich die Maßstäbe, um einzugreifen, um zu handeln und anderen Menschen zu helfen? Gibt es Widersprüche bei unseren Werten, oder können wir uns auf bestimmte Werte einigen?

„Die wesentliche Frage für mich ist: Was ist mein Gewissen? Nach welchen Maßstäben zwingt es mich zu handeln? Es sind zwei Maßstäbe: Die Freiheit des Individuums und das menschliche Leben zu schützen und zu achten. Der Konflikt ist für mich, meine Freiheit und mein Leben ebenso zu schützen, wie ich mich für andere einsetze. Und es bleibt die Angst zu überwinden, im Widerspruch zur öffentlichen Meinung zu sein und von der Gesellschaft nicht mehr angenommen zu werden." So formulierte eine Seminarteilnehmerin ihren Widerspruch zu verantwortlichem Handeln. Sie beschreibt ihre Zerrissenheit zwischen zwei Polen.

Wie ist es nun, wenn sich Wertauffassungen widersprechen? Oder lassen sich alle Werte miteinander kombinieren und ergänzen sie sich? Gibt es nur „teilbare" Konflikte, d.h. ist bei sich widersprechenden Interessen ein Ausgleich möglich, mit dem beide Seiten zufrieden sind? (Siehe dazu ausführlich den Abschnitt „Teilbare und nicht teilbare Konflikte" im nachfolgenden Artikel.) Als Beispiel für einen Konflikt, bei dem die Interessen für die eine Seite unbefriedigend berücksichtigt wurden, sei die Diskussion um Schwangerschaftsabbrüche genannt. Auf der einen Seite gibt es das Interesse auf Selbstbestimmung der Frau, auf der anderen das des Schutzes von ungeborenem Leben. Beide Seiten befinden sich in einem nicht überwindbaren Widerspruch zueinander und die Meinungen, in welchen Fällen es moralisch gerechtfertigt ist abzutreiben, gehen sehr weit auseinander. Per Strafgesetzbuch gibt es jetzt eine Vorschrift, wann eine Abtreibung vorgenommen werden darf und wann nicht. Damit wurde eine Regelung für die streitenden Parteien gefunden, die für viele Frauen bedeutet, daß sie nicht mehr abtreiben dürfen. Für sie gilt ein Verbot, so daß ihre Interessen nicht mehr berücksichtigt werden.

Ein weiterer drastischer Wertekonflikt besteht in der Frage der Atomenergie. Ist eine Technik zu verantworten, die sehr viel Energie erzeugt und dabei Müll produziert, der menschliches Leben auf Dauer vernichten kann? Es wird Energie für menschliches Leben erzeugt und gleichzeitig menschliches Leben gefährdet. Die eine Seite sagt, es wird immer neue technische Ideen geben, um Probleme zu lösen. Die andere Seite sagt, menschliches Leben bedeutet so viel, daß es nicht aufs Spiel gesetzt werden darf. Wir benötigen eine Technik, die keine derart großen Unsicherheitsfaktoren schafft. In der Auseinandersetzung werden dabei Worte unterschiedlich definiert. „Unsicherheitsfaktor" sagt der Techniker und meint irgendeine Zahl oder einen statistischen Zusammenhang. „Unsicherheitsfaktor" hören die Anwohner der

Lagerstätte für Atommüll in Gorleben und fragen, warum sie ein Risiko mit diesem Faktor eingehen sollten. Egal, welche Zahl dahinter steht, das menschliche Leben steht höher, und wir verzichten lieber auf diese Technik. Dann muß sich auch niemand für viele neue Probleme eine Lösung ausdenken. Es kann für uns keine zufriedenstellende Lösung geben, weil Menschen mit einer Technik arbeiten, die zu nah an ihrer eigenen Vernichtung dran ist.

Die genannten Beispiele zeigen, daß Werte unterschiedlich definiert werden und sich z.T. widersprechen. Um Werte wird stets ein Streit geführt. Gerade zur Zeit wird intensiv diskutiert, ob sich die Bundeswehr an Auslandseinsätzen beteiligt. Vordergründig geht es um Argumente, wie unsere Rolle als Staat unter Staaten sei, ob die deutsche Regierung und die Bundeswehr eine Außenseiterrolle spielen solle und ob sie nicht so sein könnten wie die anderen. Sehen wir uns den Wertestreit genauer an, dann geht es um die Frage, ob es gerecht ist, bestimmte Menschen zu töten, um andere zu schützen. Der Streit kann geführt werden. Verschiedene Meinungen werden ausgetauscht und es wird deutlich gemacht, welche Werte jeweils hinter den Argumenten stehen.

Schwierig wird es, wenn die Werte und ihre Ausprägungen in der Gesellschaft unterschiedlich definiert sind. Sexuelle Nötigung ist kaum als Gewalt erkannt und definiert. Das liegt u.a. daran, daß Züchtigung innerhalb der Familie nur bedingt unter Strafe steht. Da sich die Opfer, meist Frauen und Mädchen, in der strukturellen Abhängigkeit einer Familie befinden, haben sie wenig Möglichkeiten, diese Gewalt sichtbar zu machen. „Jede siebte Frau ist Opfer sexueller Gewalt", ist das Ergebnis einer Studie, die die Bundesfrauenministerin Claudia Nolte am 17. Juli in Bonn vorstellte (aus Frankfurter Rundschau vom 18.7.95). Alle genannten Beispiele sollen zeigen, daß verschiedene gesellschaftliche Gruppen Einfluß auf den öffentlichen Streit um Werte haben. Am Ende jedes Streites steht ein Wertebegriff. Und wer sich mit seinem Begriff durchgesetzt hat, hat „Definitionsmacht" ausgeübt.

Wir haben im Kapitel zum Gewaltbegriff eine Graphik mit den verschiedenen Ebenen der Gewalt vorgelegt. In diesem letzten Teil stellen wir ein weiteres Blatt vor, das die Ebene der Definitionsmacht kennzeichnet. Erst dadurch wird deutlich, daß es nicht nur verschiedene Ebenen der Gewalt gibt, sondern auch noch einen Rahmen, in dem Gewalt sich abspielt. Dieser Rahmen zeigt, daß die Definitionsmacht das Gewaltdreieck überlagert. Wenn etwas, wie z.B. sexuelle Nötigung, nicht als Gewalt definiert wird und somit aus diesem Rahmen fällt, wird es auch nicht als Gewalt behandelt. Für das Leiden der Opfer ist es egal, was gerade als Gewalt definiert ist. Wenn ihr Leiden aber aus dem Rahmen fällt, haben sie es sehr schwer, die Gewalt gerichtlich und öffentlich anzuklagen. Mit diesem Gedankengang wird es wichtig zu fragen, wer die Macht hat, Dinge zu definieren.

Gesellschaftliche Werte werden in der öffentlichen Diskussion definiert. Für die tägliche Auseinandersetzung ist es besonders wichtig, gegen alle Gewalt- und Unterdrückungserscheinungen deutlich vorzugehen, sie anzuklagen und sich nicht selbst gegen Gewalt abstumpfen zu lassen. Die Abstumpfung trägt dazu bei, daß sich Werte und die Definition von Gewalt verändern. So lange alle sagen: „Wenn ich nicht betroffen bin, handle ich auch nicht", schreitet dieser schleichende Prozeß fort. Dabei sollte uns bewußt sein, daß es für mich allein besonders schwer ist, auf Unterdrückung aufmerksam zu machen, wenn ich selbst der Unterdrückte bin.

Für die Arbeit mit Jugendgruppen und Schulklassen muß an dieser Stelle genannt werden, daß gerade junge Menschen im Wertestreit unterschiedlich urteilen, weil sie auf verschiedenen Stufen der Ethik stehen. Ein Kind, das einer Spinne die Beine einzeln ausreißt, empfindet selbst nichts Böses, weil Empathie noch nicht zu seinen Fähigkeiten gehört. In ihrer Entwicklung zum Jugendlichen machen Kinder verschiedene Stufen der Ethik durch. Zuerst schauen Kinder die Welt nur aus ihren Augen an und orientieren sich an ihren Eltern. Sie können sich nicht in andere hineindenken. Erst allmählich kommt es in moralischen Fragen zu einer Tauschsicht. Die Sichtweise bleibt dabei noch egozentrisch: „Wenn ich Prügel bekäme, fände ich das auch doof." Wenn sie nun aber keine Prügel bekommen, sondern wirklich nur jemand anderes, dann macht es Kinder im Alter von 11 bis 13 Jahren nicht so betroffen. Erst danach entwickeln sich allmählich auch moralische Normen, die auf eine Gruppe bezogen sind: „Moralisch in Ordnung ist jemand, der anderen gefällt." Nach dieser Stufe werden die allgemeinen Regeln und Gesetze in den „persönlichen" Definitionsrahmen aufgenommen. Und erst danach wird auch zu diesen gesellschaftlichen Regeln eine Distanz aufgebaut, so daß sie kritisch beleuchtet werden können. Gewalt, die auf Jugendliche wirkt, moralische Normen, die sie zu einem bestimmten Handeln zwingen, können erst mit diesem Wissen bedacht und beurteilt werden. Es geht dann um die Fragen, mit denen dieses Kapitel begonnen hat: Gerechtigkeit und Menschenrechte - hier besonders die Würde des Menschen - Gegenseitigkeit, Gleichheit und Solidarität.

Daß es Entwicklungsstufen zu einer Ethik gibt, bedeutet nicht, daß Kinder nur grausam sind. Sie kennen genauso faires Verhalten, allerdings aufgrund einer anderen Orientierung. Es handelt sich also nicht um übereinandergeordnete Stufen. Der eigene Horizont erweitert sich allmählich und bekommt andere Menschen in den Blick. Für die Arbeit im Umgang mit Gewalt und Konflikten und gerade für das an Werte gebundene Thema Zivilcourage kommt es immer auf die jeweilige Sicht der Teilnehmenden an. Die Arbeit kann fehlschlagen, wenn bestimmte Werte, wie die Würde des Menschen, einfach als Norm gesetzt werden und die Teilnehmenden keinen Blick dafür haben. Sie fügen sich dann dieser Norm, wie sie sich auch sonst der Autorität fügen. Eventuell wird die Würde des Menschen später dennoch verletzt, weil sie sich nur der Autorität widersetzen.

Ziel der Methoden ist es, Werte zu sammeln und Unterschiede und Widersprüche in ihnen zu sehen. Wir gehen auf die derzeitige Werteveränderung am Beispiel einer Werbung der Bundeswehr ein, mit der die dort vermittelten Werte analysiert werden können. Interessant an dieser Werbung ist, daß die Werte nur zu bekommen sind, wenn etwas anderes erfüllt wird. In sämtlichen Variationen dieser Werbung stehen die Werte in einer Wenn-dann-Verknüpfung. Für die Arbeit in der Jugendgruppe oder mit der Klasse haben wir aus der Vielzahl der Vorlagen nur eine Werbung der Bundeswehr genommen und diese mit einer satirischen Verfremdung der Zeitschrift „Pardon" auf ein Arbeitsblatt gesetzt. Der wirkliche Alltag der Soldaten soll deshalb offengelegt werden, weil die Bundeswehranzeige am Schluß den Hinweis gibt: „Fragen Sie einmal jemanden, der dabei war". Da dies unter Jugendlichen kaum möglich ist, wurde die Satire hinzugesetzt. In den weiteren Übungen geht es darum, die eigene Position zu stärken und vor den anderen zu vertreten. Im kontrollierten Wertestreit besteht die Möglichkeit, auf Argumente direkt und offen zu reagieren.

Literaturhinweis

Dobelstein-Osthoff, Peter, (u.a.): „Schule und Werteerziehung - ein Werkstattbericht", Landesinstitut für Schule und Weiterbildung Soest, Soest 1991
In diesem Werkstattbericht wird umfassend in die Werteerziehung eingeführt. Die Autoren berichten von ihren Praxiserfahrungen und machen Vorschläge für den Fachunterricht. Durch den Anhang mit sehr vielen praktischen Übungen wird dieses 228 Seiten starke Buch abgerundet.

Vorschlag für einen methodischen Ablauf:

Den eigenen Werten bewußt werden:
- Poesien im Streit
- Streitgespräch zwischen zwei Poesien (Handout Werte 1)
- Wertesammlung

Die Widerspüche in Werten bearbeiten:
- Widerspruchsbild
- Das ist mein Wert, den gebe ich nicht her
- Streitlinie

Eine aktuelle Wertediskussion diskutieren:
- Gewaltdreieck mit Definitionsmacht (Handout Werte 2)
- Bundeswehrwerte und Satire

Zeit: 45 Minuten

Poesien im Streit

Kurzbeschreibung:
Zwei Poesien, wie sie häufig in Poesiealben vorkommen, sind in einen Streit geraten. Der Streit wird im Folgenden vorgestellt. In ihm werden viele Werte gegeneinander gehalten, so daß erkennbar wird, wo Widersprüche sind.

Ablauf: Die Gruppe wird in Kleingruppen von vier bis fünf Personen aufgeteilt. Alle bekommen denselben „Streit der Poesien" (Handout 1).

Die Aufgabe ist, die Wertepaare, die sich im Streit gegenüber stehen, zu sammeln und aufzuschreiben. Die Mitschrift soll auf einem großen Stück Papier im Plenum vorgestellt werden.

Variante 1: Der Streit der Poesien ist das Ergebnis einer Streitlinie, deren Ausgangspunkt die beiden ersten Poesien waren. Mit Hilfe der Übung „Streitlinie" kann so auch ein eigener Streit der Poesien angeregt und ausgewertet werden.
Ein Kassettenrecorder ist für die Dokumentation sehr hilfreich.
Ausgangspoesien können selbst gesponnen werden.

Variante 2: Selbst eine Streitlinie machen.

Auswertungsfrage: Wie war der Gruppenprozeß? Gab es neben dem Herausbilden der Wertepaare eine eigene Wertekontroverse in der Gruppe?

Rolle des Teams: Moderation und Beteiligung in den Kleingruppen.

Streitgespräch zwischen zwei Poesien

Die eine Poesie

Klar das Auge,
stark die Hand,
treu Dir selbst und dem Vaterland,
lieber brechen als sich biegen,
so muß Recht und Rechtes siegen.

Deine Eltern

Die andere Poesie

Tut das Unnütze,
singt Lieder, die man aus
Eurem Munde nicht erwartet
Seid Sand,
nicht Öl im Getriebe der Welt.

Günter Eich

Ergebnis einer Streitlinie

Assoziationen zur einen Poesie

Wie läufst Du eigentlich rum?
Stell Dich erst einmal richtig hin,
bevor Du etwas sagst!

Assoziationen zur anderen Poesie

Ich kann hier so stehen,
wie ich will.
Was fällt Dir eigentlich ein,
mir vorzuschreiben,
wie ich mich hinstelle.

So wie Du rumläufst,
bekommst Du nie Arbeit.
Was soll aus Dir werden?

Ich bin schon etwas.
Ich bin ein Mensch,
der klar denken kann.
Ich muß nicht erst etwas werden!

Als ich so alt war wie Du,
da habe ich schon gearbeitet und Geld verdient.
Da konnte ich schon eine ganze Familie ernähren
und für Dich müssen jetzt andere Leute arbeiten.

Du brauchst hier nicht Deine
Lebensgeschichte zu erzählen.
Wir sind hier doch nicht bei Dallas.
Du bist doch nur neidisch, daß die Jugend
jetzt die Möglichkeit hat, frei zu sein.
Du hast ja Deine Jugend verschlafen.

Auf diese Art von Leben,
wie Du es führst,
darauf kann man gar nicht
neidisch sein.
Du entziehst Dich jeder Verantwortung.

Ich muß doch für mich Verantwortung tragen.
Wenn jede und jeder nur für sich Verantwortung tragen würde,
dann würde es allen gut gehen.
Ist doch totale Scheiße,
wenn immer die anderen für einen die Verantwortung übernehmen wollen.
Ihr wollt nur über uns bestimmen. Nichts anderes!

Fortsetzung: nächste Seite

Aber die Menschen brauchen einfach Regeln und Gesetze, die dem Zusammenleben eine klare Linie geben. Ohne Regeln geht doch gar nichts mehr heutzutage. Das Land würde bei Deinen Vorstellungen in Anarchie und Chaos versinken.

Anarchie ist die einzige wahre und lebendige Art, am Leben zu bleiben. Regeln engen ein. Und ich laß mich nicht gerne einengen. Auch Du bist frei. Oder kannst Du nicht frei sein? Kannst Du nur verklemmt mit Deinen Regeln leben?

Du bist der innerlich Verklemmte von uns beiden.
Du fürchtest Dich vor dem Leben und solchen Leuten wie mir,
die fest mit beiden Beinen auf dem Boden stehen
und aus derartigen Individuen wie Dir versuchen, Menschen zu machen.

Ja, natürlich fürchte ich mich vor Dir
und Deinen Einflüssen, die Du auf dieses Land
und auf Menschen wie mich ausübst.
Deine Einflüsse bringen Menschen um.
Durch Deine Ordnung wird es für
Menschen nicht nur unerträglich zu leben,
sie können nicht mehr leben, weil Du ihnen nichts gibst.
Liebe ist für Dich ein Fremdwort. Weil das Gefühl
von Liebe auf Freiheit basiert. Es basiert auf
gegenseitiger Anerkennung und Toleranz.
Wer den Menschen nicht ihren eigenen Freiraum läßt,
der liebt sie nicht, sondern möchte sie kontrollieren!

Du kannst nicht alle Menschen lieben.
Du mußt unterscheiden können. Die Menschen sind verschieden.
Und einige hassen sich eben. Da kannst Du gar nichts machen.
Und damit sie sich nicht zerfleischen, brauchst Du Regeln.
Einige Menschen sind wie Tiere.
Die werden immer fressen, ohne auf andere zu achten.
Die dürfen nicht frei rumlaufen. Für die brauchst Du Gefängnisse!
Sonst bist Du der nächste, der gefressen wird.

Genau daran sieht man Dein schlechtes Menschenbild.
Du traust Deinem Nachbarn nichts zu.
Nur weil Du denkst, daß Du bedroht bist, willst Du Regeln für alle.
Du brauchst Regeln für Dich ganz alleine
und deswegen sperr' doch Dich selber ein.
Bau' Deine eigene Welt mit Deinen Regeln und Gefängnissen.
Frag' doch mal, wer da für Dein Spiel freiwillig reingeht.
Frag' doch mal, wer das eigentlich will!

(Ergebnis einer „Streitlinie" auf einer Wortwerkstatt mit Poesien, Limericks und vielen Geschichten, eigenen und fremden Erzählungen; © AGfJ Nov '93.)

Zeit: 30 Minuten

Wertesammlung

Kurzbeschreibung:
Jeder Mensch hat eine Vielzahl von Werten, über die er sich nicht immer bewußt ist. In der Übung sollen die Teilnehmenden soviel Werte sammeln, wie ihnen einfallen. Durch die Nachfragen, woher diese Werte kommen, lernt die Gruppe ihre Werte und deren Entstehung kennen.

Ablauf: Jede soll die ihr wichtigsten Werte auf einem DIN-A4-Blatt sammeln. Danach wird auf einem neuen Blatt beantwortet, woher diese Werte kommen und durch wen sie einem vermittelt wurden.
Jetzt werden Kleingruppen gebildet, die sich über diese Sammlung austauschen. Ihre Aufgabe ist es, die Werte mittels Karteikarten auf einem zwei mal zwei Meter großen Papier zu sammeln, zu sortieren und für jede Wertegruppe eine Überschrift zu finden. Abschließend folgt der Austausch im Plenum.

Variante: Die Kleingruppe soll alle Werte hintereinander hängen oder schreiben. Danach kann jede und jeder mit einem dicken Stift die drei wichtigsten Werte von allen genannten ankreuzen. Dadurch entsteht eine Wertereihenfolge nach den verteilten Kreuzen. Der Wert mit den meisten Kreuzen bekommt den ersten Platz, der mit der zweithöchsten Anzahl den zweiten Platz und so weiter. Die Werteskala wird danach im Plenum vorgestellt.

Auswertung: Die Variante bietet die Möglichkeit, mit den eindeutigen Positionen in der Gruppe zu arbeiten und auf neue Lösungen und Veränderungen hinzuwirken. Die Differenzen und Widersprüchlichkeiten sollten im Plenum diskutiert werden. Die Wertesammlungen eignen sich gut als Hintergrund für die folgenden Übungen.

Rolle des Teams: Erläuterung und Moderation. Bei der Variante kann es zu Streit kommen, weil Werte tendenziell keine Rangfolge haben, sondern eher widersprüchlich sind. Es gab Gruppen, die diese Hierarchisierung verweigert haben. Doch gerade dieser Streit läßt die Positionen erkennen. Es ist ansonsten zu leicht, sich hinter den positiven Werten zu verstecken.

Zeit: 60 Minuten

Widerspruchsbild

Kurzbeschreibung:
Widersprüche begleiten uns ständig. Mit der Übung können Widersprüche entdeckt und überwunden werden. Wenn wir verschiedene Motivationen für eine Handlung kennen, ist es möglich, die dahinterliegende Lösung zu sehen.

Ablauf: Jeder Person wird ein Stück Papier ausgehändigt, das etwas länger als sie selbst und mindestens 80 cm breit ist. Jede sucht sich eine Partnerin, die den Körperumriß auf dies große Papier bringt, indem sie um die liegende Person mit Wachsmalkreide herum malt. Jede hängt ihr Umrißporträt auf und kommt wieder in den Kreis. Die Teamerinnen stellen Beispiele von möglichen Widersprüchen vor, die sie den vorhergehenden Übungen entnehmen können.
Wenn Widersprüche der Teilnehmenden gewählt werden, sollten die Teamerinnen unbedingt darauf achten, daß der Widerspruch wirklich in ein und derselben Handlung liegt, wie es in den nachfolgenden Beispielen beschrieben wird. Es sollten lieber weniger, dafür aber eindeutige Beispiele ausgewählt werden.
Die Frau, die schimpft: Eine Frau schimpft mit ihrem Mann, weil er ständig in die Kneipe rennt, statt mit ihr die Freizeit zu verbringen. Er rennt erst recht in die Kneipe, weil sie schimpft. Der Widerspruch ist, daß sie ihn gern in ihrer Nähe hätte, doch ihn gleichzeitig abstößt. Der Mann weicht dem Konflikt aus, und die Frau verlagert ihren Konflikt. Sie wird ihr Ziel nie erreichen, weil sie ihren eigenen Widerspruch nicht sieht.

Das Auto, das stinkt: Der zweite Widerspruch entspringt aus unserem Streben nach individuellem Glück. Wir fahren mit dem Auto und sehen darin ein Stück Freiheit, z.B. die Freiheit, aus jeder abgelegenen Gegend am Samstag in die Disco zu kommen, oder die, immer weg zu können. Die andere Seite dieses Verhaltens ist, daß wir uns viele Zwänge auferlegen. Wir sind abhängig vom Benzin. Wir müssen für das Auto arbeiten und können währenddessen nicht der Freiheit des Fahrens nachgehen. Wir vergiften die Umwelt mit jedem Kilometer Freiheit und zerstören ein Stück Lebensgrundlage.
Alle Teilnehmenden tragen in die Mitte ihres Körperumrisses ein Thema (aus der bisherigen Arbeit zu Gewalt, Angst und Aggression) bzw. die Handlung ihres Widerspruches ein. An jedem Arm soll dann die jeweilige Seite, die zum Widerspruch gehört, eingetragen werden. Die Ergebnisse werden im Plenum vorgestellt, und alle geben Ratschläge, wie dieser Widerspruch überwunden werden kann. Die Lösungen werden von dem jeweiligen Teilnehmer in die Mitte des Bildes unter das Thema geschrieben.
Die Frau, die schimpft, könnte zum Beispiel zuerst ihrem Mann sagen, daß sie ihn mag. Danach könnte sie ihren Wunsch nach mehr gemeinsamer Freizeit erklären, um dann zu überlegen, wann und wie oft sie zusammen kommen.
Die Autofahrerinnen können sich Situationen überlegen, in denen sie mit dem Kollektivfahrzeug Bahn freier sind, als mit dem Auto (welches ja nur allzu häufig im Stau stecken bleibt).

Auswertung: Im Plenum werden folgende Fragen beantwortet: Was war neu? Welche Lösungen haben Dich überrascht? Welche Ideen willst Du mitnehmen?

Rolle des Teams: Die Teamerinnen stellen Hilfe beim Formulieren der Widersprüche, da es nicht leicht ist, in der einen Handlung auch die beiden Effekte (eben die andere Seite der Medaille) zu sehen. Sie moderieren die Methode, ohne selbst teilzunehmen.

Zeit: 30 Minuten

Das ist mein Wert, den gebe ich nicht her

Kurzbeschreibung:
Entgegengesetzte Werte sollen verteidigt werden. Die gegensätzlichen Wertpaare werden durch Gruppenmitglieder gespielt. Der Rollenwechsel ermöglicht eine andere Perspektive auf den Streit.

Ablauf: Die Gruppe wird in zwei gleichstarke Kleingruppen geteilt. Jede Kleingruppe wird unabhängig voneinander in verschiedenen Räumen von je einer Teamerin vorbereitet. Sie wissen inhaltlich nicht, was sie hinterher erwartet.

Die eine Kleingruppe soll einen individualistischen Wert suchen und sich Argumente zur Verteidigung überlegen (Glück, Auto, viel Reisen etc.). Die andere Kleingruppe soll sich einen kollektiven Wert überlegen und entsprechende Argumente sammeln (Freiheit für jeden Menschen, gute Luft, Arbeit für alle etc.).

Die Gruppen werden zusammengeführt, und es stellt sich immer eine aus der einen Gruppe jemand anderem aus der anderen Gruppe gegenüber. Der Abstand sollte eine Armlänge betragen. Sie haben die Aufgabe, ihren Wert vorzustellen, zu verteidigen und herauszufinden, welcher Wert wichtiger ist. Sie sollen in ihren Rollen bleiben. Es beginnt ein riesiges Gemurmel, so daß niemand durch das Zuhören der anderen gehemmt ist. Das Gemurmel dauert fünf Minuten. Wieder folgt eine getrennte Vorbereitung auf den Rollentausch. Die mit dem individualistischen Wert sollen nun einen neuen kollektiven suchen und umgekehrt.
Je nach Gruppe kann ein ganz neuer Wert gesucht oder nur ein Tausch mit denselben Werten vorgenommen werden. Der Tausch des Wertes ist leichter. Es geht dann wieder zum Paarestreit, der fünf Minuten dauern soll.

Auswertung: Wie war die jeweilige Rolle? In welcher Rolle habt Ihr Euch stärker gefühlt? Zu welchem Thema hattet Ihr mehr Argumente?

Rolle des Teams: „In die Rolle helfen!" Besonders wichtig ist die Vorbereitung in den Kleingruppen, damit die Rolle auch durchgehalten wird. Gerade individualistische Werte sind leicht zu vertreten, entsprechen jedoch nicht immer der Auffassung der jeweiligen Spielerin. Durch die Einnahme einer fremden Rolle versetzen sich die Teilnehmenden in Positionen, die sie sonst ablehnen. Wenn dieses Spiel sehr früh oder in ungeübten Gruppen eingesetzt wird, sollten widersprüchliche Werte vorgegeben werden.

Streitlinie

Zeit: 30 Minuten

80 % der Kommunikationsinhalte werden in einem Zwiegespräch nicht durch die Sachinhalte vermittelt, sondern durch Körperhaltung, unterschiedliche Ziele, Verständnis, Empathie usw. Wie in der vorhergehenden Übung „Das ist mein Wert...“ wird eine Gesprächssituation zwischen sich widerstreitenden Positionen oder Werten hergestellt, wobei der Sachinhalt eine größere Bedeutung bekommt als der Wert.

Ablauf: Die Gruppen werden wie in „Das ist mein Wert...“ vorbereitet, doch der Streit der Argumente erfolgt in einer Streitlinie. Das Argument wird vom Gegenüber entgegengenommen und nicht direkt zurückgegeben, sondern an den rechts Danebenstehenden. Dadurch läuft der Streit durch die gegenüberstehenden Gruppen hindurch. Es spricht immer nur eine Person. Die Konzentration auf den Sachinhalt des Arguments wird besser gewahrt als im Zwiegespräch, in dem viele andere Dinge eine Rolle spielen (siehe den Eisberg zum Thema Empathie). Da die Argumente zwischen verschiedenen Personen hin- und hergehen, bleibt Zeit, sich witzige und schlagfertige Argumente zu überlegen, für die sonst keine Zeit ist. Die Übung ist gut geeignet, eine breite Palette von Argumenten zu einem Thema zu sammeln.

Skizze für die Streitlinie:

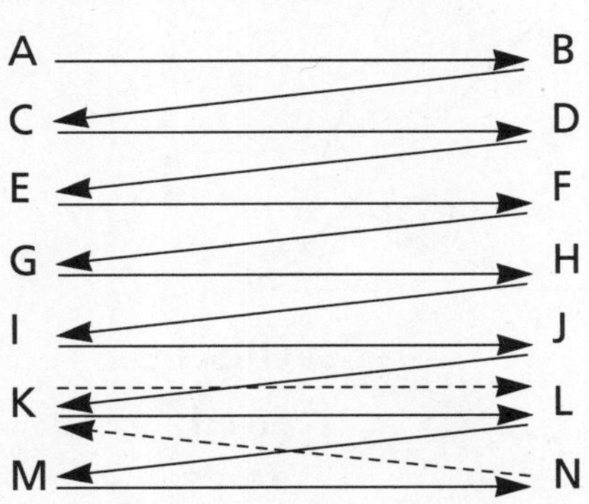

Das Argument geht von A nach B nach C nach D nach E und so weiter bis N. Und N gibt es nicht zurück an M, sondern an K. Von K nach L, von L nach I und so weiter.

Auswertung: Die wichtigsten Argumente können gesammelt werden. War es leicht, eine andere Position einzunehmen? Sind die Argumente der Gegenseite einleuchtend?

Rolle des Teams: Sorgfältige Vorbereitung der Gruppen, damit sich die Teilnehmenden in fremde Positionen eindenken können. Ein Teamer sollte die wichtigsten Argumente protokollieren, damit sie für spätere Diskussionen parat sind. Die Übung eignet sich je nach Thema gut für eine Geschlechtertrennung, damit das unterschiedliche Argumentationsverhalten der Geschlechter beobachtet werden kann.

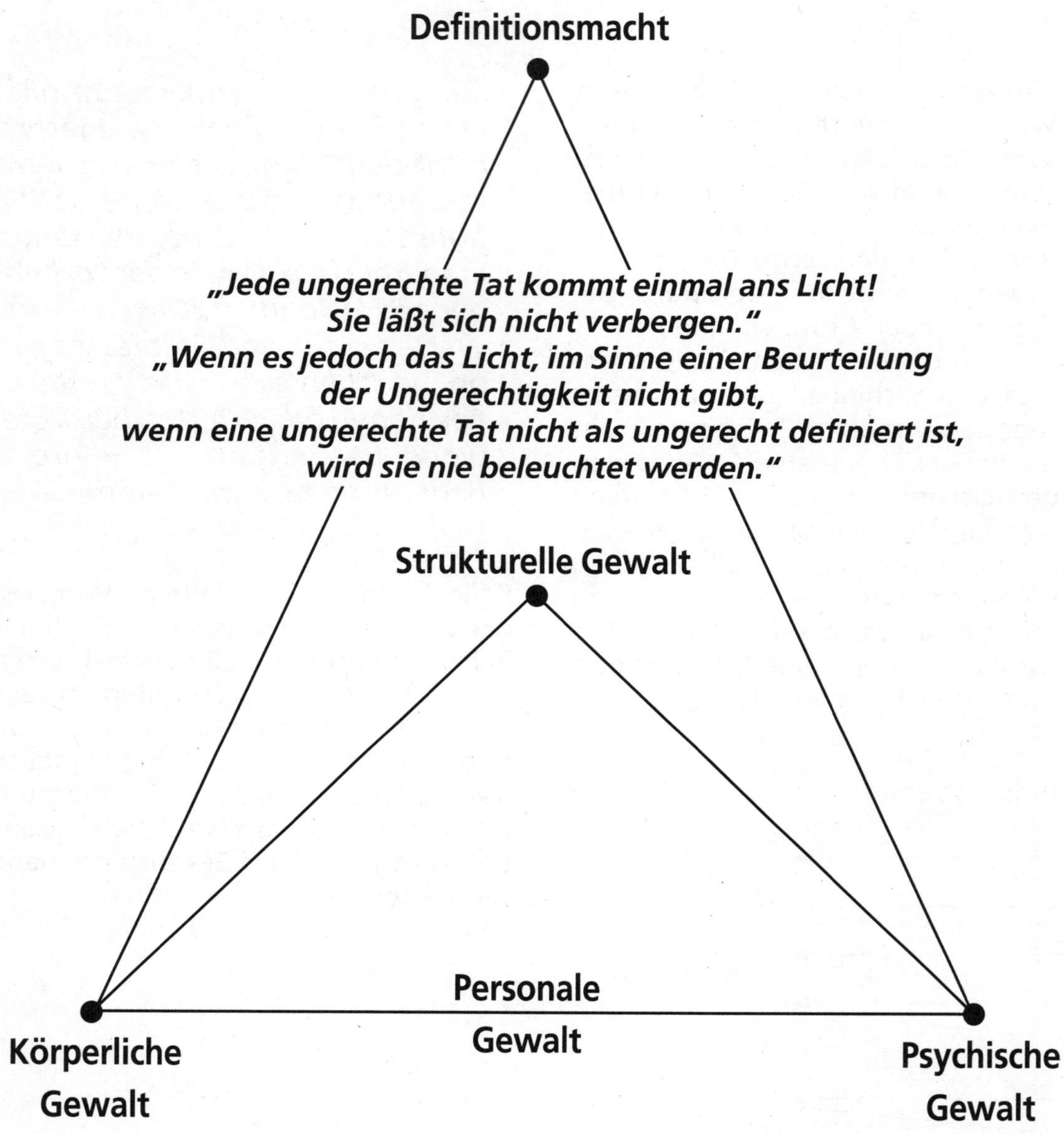

Arbeitsvorschlag:

Dieses Gewaltdreick ist die Erweiterung zum ersten Dreieck auf Seite 47. Es soll eine weitere Ebene der Gewalt deutlich machen. Wie im vorangegangenen Artikel (S. 111) beschrieben, wird z.B. Gewalt gegen Frauen in der Ehe nur bedingt geahndet, weil es gar nicht als Gewalt gesehen wird.
Die Aufgabe ist es, Beispiele für diese Defintionsmacht zu sammeln und mit Hilfe der obigen Skizze die Wirkung, die von diesen Beispielen ausgeht zu beschreiben. Ist es mehr strukturelle Gewalt oder personale? Wie könnte dieser Defintionsmacht begegnet werden?
Wenn es nicht so leicht ist, in der Gruppe auf gute Beispiele zu kommen, dann können die „Fragen zur eigenen Erfahrung mit Gewalt" (S. 44), herangezogen werden.

Zeit: 50 Minuten

Bundeswehr und ihre Satire

Kurzbeschreibung:
Die Bundeswehr, aber auch Firmen wie Benetton und Coca-Cola werben mit Werten für ihre Produkte. Diese Werte zu duchschauen und sich eine eigene Meinung zu bilden, ist nicht leicht. Werte haben in der Werbung die Funktion, Gemeinsamkeit dadurch herzustellen, daß alle mit den Werten einverstanden sein können. Die letzten Übungen haben gezeigt, daß viele Gegensätze und eigene Widersprüche in Werten stecken können. Die Übung verdeutlicht, wie mit Werten geworben wird.

Ablauf: Die erste Anzeige, die nachfolgend als Faksimile abgedruckt ist, wird an die Gruppe verteilt. Jeder soll die Werte sammeln, die genannt werden. Weitere Fragen an den Text sind: Wie wird der jeweilige Wert dargestellt? In welchen Zusammenhang werden die Werte gebracht? Was wird in der Anzeige nicht gesagt? Was wird mit Hinweisen angedeutet, aber ausgelassen? Welche Formen der Gewalt werden angesprochen und mit welchen Werten kombiniert? Gemeinschaft und Kameradschaft werden in der Anzeige gleichgesetzt. Können die Teilnehmenden diesem engen Zusammenhang zustimmen? Wie füllen sie Gemeinschaft? Was gehört für die Teilnehmenden zu diesem Begriff? Wie kann der Widerspruch zu Kameradschaft formuliert werden?

Ebenfalls abgedruckt ist die satirische Anzeige aus der Zeitschrift „Pardon“, die danach verteilt werden sollte.

Die Fragen an die Gruppe sind:

- Was wird kritisiert?
- Ist die Kritik in der Satire überzogen? Oder gibt sie eine Antwort auf die am Schluß der Bundeswehranzeige gestellte Frage?
- Welche Werte werden von der satirischen Anzeige in Frage gestellt?

Auswertung: Wie war der Gesprächsverlauf? Sind weitere Informationen nötig? Wenn ja, wer beschafft sie? Wer hat mit den gegensätzlichen Anzeigekampagnen die größere Definitionsmacht?

Rolle des Teams: Moderation

Jeder hat das Recht auf die freie Entfaltung seiner Persönlichkeit. Doch erst das Einstehen füreinander macht das Leben sinnvoll.

Ja, Gemeinschaft.

Wir leben in einer Zeit der Selbstverwirklichung. Oft geht Individualität über alles. Persönliche Zurücknahme, Bescheidenheit und selbstloser Einsatz für die Gemeinschaft sind nicht gerade populär. Wer aber jemals Belastungen und Strapazen, vielleicht sogar Gefahren in Kameradschaft erlebt und durchgestanden hat, der weiß, was Gemeinschaft ist. Wahrscheinlich sein Leben lang. Gemeinschaft bedeutet immer Rücksicht auf andere und auch Härte gegen sich selbst.

Aber jeder spürt und gewinnt Dankbarkeit und die Hilfsbereitschaft der anderen – Geborgenheit in der Gemeinschaft. Das ist eine große persönliche Erfahrung.

Fragen Sie mal einen, der dabei war.

Wir sind da.
Bundeswehr

Die Soldaten der Bundeswehr erfüllen ihren Auftrag weltweit, auch bei den Negern.

Ja, irgendwie.

In Somalia monatelang auf eine indische Brigade zu warten, die nie ankommt, den Blicken hungriger Negerkinder ausgesetzt, in tiefster Dunkelheit benzinklauende Somalier zu erschießen und zu wissen, daß das Bier nur notdürftig gekühlt werden kann, wenn Volker kommt – das erfordert irgendwie Tapferkeit, Haltung. Was von den Soldaten der Bundeswehr täglich gefordert wird, hat nichts mit irgendeinem Sinn zu tun, aber sehr viel mit ausgeprägter Ausdauer, mit sinnvoller Verschwendung von Steuergeldern und der Gewißheit, daß man neuerdings wieder in der Welt herumkommt.

Von Deutschland erwartet die Völkergemeinschaft Unterstützung bei gemeinsamen überstürzten Rückzügen. Unsere Soldaten stellen sich dieser nervenaufreibenden Reisetätigkeit.

Irgendwie irgendwas zu tun, ist auch heute eine Tugend unserer Soldaten.

Wir sind weg.
Bundeswehr

Kapitel D

Grenzen

Möglichkeiten und Grenzen von Deeskalation und Zivilcourage

Auf den vorhergehenden Seiten war von vielen Möglichkeiten die Rede, sich als Schwächere in Gewaltsituationen durchzusetzen. Neue Sichtweisen eines Konflikts haben Mut gemacht, indem Lösungen gezeigt wurden, die als so einfach vorher überhaupt nicht erahnt wurden. Doch wo sind die Grenzen von Zivilcourage? Oder hat couragiertes Verhalten keine Grenzen? Bedeutet Zivilcourage einen Zuwachs an Freiheit und Sicherheit, oder legen wir uns neue Zwänge auf? Können wir unseren eigenen Affekthaushalt kontrollieren? Können Schwächere in der Masse stärker sein, oder wird die nackte Gewalt immer wieder siegen?

Stimmen, die das wilde Tier im Menschen sehen.

Seit den grausamen Überfällen auf Ausländerinnen kommen wieder Stimmen auf, die das wilde Tier im Menschen sehen. Als Beweis dafür, daß der Mensch böse ist, wird die Verhaltenstheorie von Konrad Lorenz zitiert: Der Mensch folge nur seinen Instinkten, sei wie ein Tier im Kampf mit seinen Artgenossen. Aus dieser Sicht ist der einzige Unterschied des Menschen zum Tier, daß der Mensch über keine natürlichen Waffen verfügt, sondern sich mit seinem technischen Verstand welche baut. Es folgt ein Kräftemessen der Menschen untereinander, das grausamer ist als das der Tiere, weil die Technik dem Menschen weit über das natürliche Maß hinaus Kräfte verleiht.

Neue pädagogische Konzepte seien die Ursache für zunehmende Gewaltbereitschaft. Die Sitten verrohen.

Als weiterer Beweis für das Böse im Menschen werden die Pädagogen und ihre Pädagogik zitiert, die für die Erziehung der gewalttätigen Jugendlichen zuständig sind (u.a. im „Spiegel" Nr. 9, März 1993). Dieser Kritik zufolge war es falsch, mehr Freiheit und Verantwortung auf den Einzelnen zu übertragen, weil das Böse im Menschen dadurch nicht gebändigt wird. Die Ausschreitungen jugendlicher Gewalt seien das Ergebnis dieser verfehlten Erziehung.

Eine dritte Kritik bezieht sich auf den Zustand unserer Zivilisation. Wir seien nicht zivilisierter als vor 500 Jahren. Unser Verhalten in den letzten Jahren zeige, daß die Sitten wieder verrohen. Die Affekte werden nicht mehr gebändigt (Affektivität wird mit gesteigerter (krankhafter) Erregbarkeit im Fremdwörterlexikon übersetzt). Gewalt könne sich ausbreiten, weil es nicht genügend Gesetze im Sinne einer legalen Gegengewalt gebe.

Viele Argumente gehen in die Richtung: Sicherheit durch mehr Polizei und Abschreckung.

All diese Stimmen sehen in Zivilcourage nicht einmal eine Chance, weil das Böse im Menschen nicht durch den Einzelnen geregelt werden kann. Sie sehen die Lösung darin, die Polizei zu verstärken, durchschaubarere Verhältnisse durch mehr Observation zu schaffen und mehr abschreckende Strafen anzudrohen. Der stets drängende Trieb soll immer streng kontrolliert werden. Der Lösungsvorschlag, Gewalt mit Gewalt in den Griff zu bekommen, kommt ihnen sehr schnell über die Lippen. Sie bemühen sich kaum, Gewalterscheinungen differenziert zu betrachten.

Gewalterscheinungen werden nicht genügend differenziert betrachtet.

Unsere Affekte, im Sinne von Reaktionsweisen auf Gewalt, Zwang und Bedrohung, haben sich im Laufe der letzten fünfhundert Jahre sehr verändert. Zivilgesellschaften sind entstanden, in denen die Verhältnisse auf der politischen Ebene geregelt werden und nicht mehr mit direkter Gewalt von Person zu Person. Für die Zivilgesellschaften hat Martin Buber die Beziehung der Menschen zueinander beschrieben: „Das Fundament des Mensch-mit-Mensch-seins ist das Zweifache und Eine: der Wunsch jedes Menschen, als das, was er ist, ja was er werden kann, von Menschen bestätigt zu werden und die dem Menschen eingeborene Fähigkeit, seine Mitmenschen ebenso zu bestätigen. Daß diese Fähigkeit so unermeßlich brachliegt, macht die eigentliche Schwäche und Fraglichkeit des Menschengeschlechtes aus; aktuale Menschheit gibt es stets nur da, wo diese Fähigkeit sich entfaltet." Das schrieb Buber 1960. Inzwischen konnten die Menschen in den westlichen Staaten Jahre des Gewaltabbaus erleben. Ökonomisch kamen einige Jahre der Vollbeschäftigung, und kulturell konnte sich in den 70er und 80er Jahren einiges entwickeln. Dazu gehört zum Beispiel eine Pädagogik, die den Lernenden als Mitgestalter des Lernprozesses sieht und ihn entsprechend beteiligt. Es gab und gibt weiterhin starke Unterschiede in der Einkommens- und Vermögensverteilung und somit strukturelle Gewalt. Dies hat sich seit dem Ende der siebziger Jahre wieder verstärkt. Die anhaltende, dauerhafte Arbeitslosigkeit verstärkt das Auseinandertreiben von denjenigen, die immer mehr verdienen und von denen, die immer weniger haben.

Gewalt wurde durch die Kritik an der autoritären Erziehung abgebaut.

Zum Gewaltabbau trug bei, daß seit den Siebzigern die autoritäre Erziehung stark kritisiert und abgeschafft wurde. Die Folgen von blindem Gehorsam wurden im „Milgram Experiment" dargestellt und für eine breite Schicht erläutert. In diesem psychologischen Experiment folgten Menschen den Anweisungen einer Person, der sich als Wissenschaftler ausgab. Aufgrund dieser Autorität waren sie bereit, andere Menschen mit Elektroschocks zu bestrafen. Obwohl sie sehen konnten, daß die Stromstöße die Menschen töten konnten, folgten sie der Autorität, ohne zu widersprechen. Mehrere Generationen von Schülerinnen mußten so erfahren, daß Unterordnung und blinder Gehorsam nicht die wahren Werte sind. Diese breite Erkenntnis brachte neue Umgangsformen mit sich. Über- und Unterlegenheit wurden vielfach in Frage gestellt. Frauen emanzipierten sich und machten deutlich, daß Chauvinismus nicht zum „neuen Mann" gehört. Einige Männer haben sich inzwischen darauf eingestellt, auch wenn sich an den Rollen noch nicht viel geändert hat. Immer noch besetzen die Männer die meisten Arbeitsplätze. Es gibt zum Beispiel kaum Professorinnen. Zwar beteiligen sich einige wenige Männer im Privaten, ob Professor, Maurer oder

Veränderungen der Werte und neue Umgangsformen.

Tischler, inzwischen genauso wie die Frauen am Kochen, am Abwaschen und an der Kinderpflege. Doch die meisten hierarchischen Verhältnisse sind dagegen noch nicht abgeschafft worden, aber die Posen der Überlegenheit verändern sich. In alten Karikaturen wird der Unternehmer beleibt, mit Zigarre, Hut und Anzug dargestellt. Dieser Typ kommt einfach nicht mehr so häufig vor.

Dem Abbau der Unterordnung folgte die Konkurrenz „Jeder gegen Jeden".

Gleichzeitig sind die Anforderungen an den einzelnen gestiegen. Nicht mehr die Zugehörigkeit zu bestimmten Klassen ist gefragt, sondern der individuelle Auftritt. C. Wouters schreibt in der Frankfurter Rundschau (11.1. 94), daß sich eine wachsende Zahl von Experten mit dem „Management der Selbstdarstellung" beschäftigen. Dazu gehören Werbeagenturen und PR-Unternehmen, die das öffentliche Ansehen von Personen und Unternehmen gestalten. Damit sind die Verhältnisse stärker von psychologischen Effekten bestimmt als von klaren Strukturen. Werbung macht einen Großteil unserer Wahrnehmung aus, und wir sind nicht mehr so stark einem Standesbewußtsein oder einer Tradition unterworfen.

Reagieren wir heute im Buberschen Sinne mit Bestätigung aufeinander, oder sehen wir im Nächsten nur den Konkurrenten, den Feind und die Bedrohung? Überwiegt das Böse in uns oder ist das Interesse aneinander und an Kooperation größer? Je nachdem, wie diese Fragen beantwortet werden, hat Zivilcourage Möglichkeiten und Grenzen. Wenn wir darauf bauen können, in jedem Menschen das Interesse an anderen zu wecken und durch Empathie eine gemeinsame Grundlage im Streit der Interessen zu legen, kann Zivilcourage eine Schlüsselqualifikation im Zusammenleben darstellen.

Unser Affekthaushalt wird in der Konkurrenzgesellschaft stark herausgefordert.

C. Wouters schreibt als Antwort, daß die Affekte inzwischen stärker herausgefordert werden. Es wird mehr geflucht ohne Rücksicht auf den sozialen Status. Unmittelbare Feindseligkeiten werden auch an Personen gerichtet, die in der Hierarchie höher stehen. Der Hang zum Risiko ist größer. Der Grund ist nicht die Abnahme von Zivilisation oder die Hervorkehrung des Bösen im Menschen. Er liegt im Profilierungszwang und den vielen Verlockungen, die die Konsumgesellschaft zu bieten hat. Gleichzeitig, und darin liegt die Chance für Zivilcourage, ist unsere gegenseitige Wahrnehmung gestiegen. Wir produzieren uns nicht nur in allen möglichen Formen und Farben und in den verschiedensten Verhaltensweisen, sondern nehmen diese auch von anderen wahr. Zivilcourage ist eine große Chance, gegen die Selbstdarstellung durch Gewalt einzuschreiten, weil die gewalttätige Art, sich zu produzieren, auch ein Wunsch nach Bestätigung ist. Gewalt mündet erst in einer Eskalationsdynamik, wenn mit Gewalt und Erniedrigung auf sie reagiert wird. Zivilcourage und ein ruhiges Nachfragen, um welchen Streitgegenstand es sich handelt, können die Dynamik völlig verändern. Eine weitere Schwierigkeit stellt unsere Angst vor Gewalt dar. Wenn ein fiktiver Überfall bereits etliche Male im Kopf abgelaufen ist, dann kann er auch in dieser ausgedachten Form eintreten. Und zwar nicht nur, weil wir es aus lauter Angst so erwarten, sondern auch, weil unser Kopf nicht frei für neue

Nicht geregelte Affekte können zur Konflikteskalation beitragen.

Lösungen und Ideen ist.

Fazit: Zivilcourage bietet die Chance, Konfliktverhalten zwischen Menschen zu verändern. Unsere bereits gesteigerte Wahrnehmung für das Verhalten anderer und unsere Profilierungswünsche können genutzt werden, um auf Toleranz, Kooperation, Mitfühlen und Helfen hinzuarbeiten.

Zivilcourage und Gewalt

Gewalt als Austragungsform von Konflikten liegt eine Eigendynamik zugrunde. Gewalt fordert immer neue Gewalt heraus, und in der Eskalation verschwindet das eigentliche Streitthema. Beide Kontrahenten reagieren zunehmend auf die Gewalt an sich. Sie beziehen sich auf die Austragungsform und nicht auf den Konflikt. Das war im Aufrüstungsprozeß zwischen der NATO und der Warschauer Vertragsorganisation (WVO) sehr gut zu sehen. Im zwischenmenschlichen Bereich ist es ganz ähnlich. Die neun Stufen der Konflikteskalation von F. Glasl (Glasl, 1992), die wir im Kapitel „Urteilen" vorgestellt haben, beschreiben diese Dynamik eindringlich. Die Stufen machen deutlich, wie das Feindbild allmählich die Sicht für den eigentlichen Streitgegenstand versperrt. Außerdem kann sich jeder Gegenschlag auch gegen den Schlagenden selbst richten. Werden die Lebensgrundlagen des anderen zerstört, so kann das auch Folgen für die eigenen Lebensgrundlagen haben. Das sieht beim Streit zwischen Nachbarn um einen Kirschbaum genauso aus wie beim Streit zwischen zwei Staaten um Wasserrechte. Der Nachbar, der sich darüber beschwert, daß die herabfallenden Kirschen des Baumes auf dem Nachbargrundstück Flecken auf seiner Veranda hinterlassen und daß er daraufhin die entsprechenden Zweige absägt, wird einen Gegenschlag seines Nachbarn provozieren. Aus Ärger wird dieser die Zweige des Apfelbaumes seines Nachbarn kappen, und zwar nicht weil ihn die Äpfel stören, sondern weil er begangenes Unrecht mit Gleichem vergelten will. Die Folge ist, daß beide eine geringere Obsternte haben werden, und, wenn sie so weitermachen, auch bald der gesamte Obstgarten weg sein wird. Weg und Ziel laufen in diesem Konflikt auseinander. Wenn das Ziel ist, Fallobst zu verhindern, dann sollten die Kirschen gepflückt und mit den vom Nachbarn gepflückten Äpfeln getauscht werden. Die überhängenden Zweige des Baumes zu kürzen und eventuell das Wachstum zu behindern oder zu beenden, ist dagegen ein Weg, der dem Ziel folgt, dem Nachbarn ohne Überzeugungsarbeit den eigenen Willen aufzwingen zu wollen.

Der eigentliche Streitgegenstand wird im Konflikt kaum noch gesehen, weil er von vielen anderen Dingen überlagert wird.

Bei der Überzeugungsarbeit ist Einverständnis nötig. Wenn ein Wille aufgezwungen wird, eskaliert der Streit.

Fazit: In erster Linie sind Grenzen der Konfliktlösung in dem Versuch zu sehen, sich mit Gewalt durchsetzen zu wollen. Wenn eine Streitpartei ihren Willen mit Gewalt auf die andere übertragen will, können Gegenreaktionen mit Gewalt folgen. Das kann in einer Konfliktdynamik enden, die die gemeinsame Grundlage der Kontrahentinnen verändert oder zerstört.

Zivilcourage und Macht

Entwicklungsmöglichkeiten liegen im gewaltfreien Austragen von Konflikten. Gewalt ist jedoch unübersehbar ein Teil unseres gesellschaftlichen Lebens. Bestehende Gewaltverhältnisse spiegeln sich in Strukturen wider. Der Begriff „Gewalt" leitet sich sprachlich von „herrschen" (aus dem Althochdeutschen: waltan) ab. Strukturelle Gewalt, die sich durch Macht und Herrschaft etabliert hat, kann nicht durch freundliches Fragen beiseite geschoben werden.

Gewalt „etabliert" sich zusehends und kann nicht durch freundliches Fragen aus der Welt geschafft werden.

Von Max Weber stammt eine bekannte Definition von Macht: „Macht bedeutet jede Chance, innerhalb einer sozialen Beziehung den eigenen Willen auch gegen Widerstreben durchzusetzen, gleichviel worauf diese Chance beruht" (Weber, 1956). Macht hat vielfältige Instrumente: die rein körperliche Macht durch Stärke, die Macht durch den Besitz von Waffen und Polizeigewalt und die Macht der Definition. Im Kapitel „Werte" wurde bereits angesprochen, daß die Definitionsmacht bestimmte Werte gegenüber anderen in den Vordergrund stellt. Mit der Definitionsmacht wird über legal und illegal bestimmt. Wie das Beispiel aus dem ersten Kapitel mit dem Polizeibeamten Roland Schlosser zeigt, war es legal, Alves da Costa ins Gefängnis zu stecken. Für diese Tat ist niemand verurteilt worden. Seine Befreiung durch den Polizeibeamten dagegen war illegal. Natürlich könnte hier der Einwand kommen, daß über Gesetze, die Menschen ins Gefängnis bringen, demokratisch entschieden wurde. Die Klagen vor dem Bundesverfassungsgericht zeigen jedoch, wie schwierig es ist, Gesetze, Verordnungen und politische Mehrheitseinstellungen mit den allgemeinen Menschenrechten in Einklang zu bringen. Außerdem werden Gesetze immer von Mehrheiten verabschiedet. Wenn sich das Gesetz gegen eine Minderheit richtet, hat diese Pech gehabt, wie z.B. in der Asylgesetzgebung die asylsuchenden Menschen Pech gehabt haben. Bundestag und Bundesrat haben die Grundrechtsänderung beschlossen. Sie haben die „Definitionsmacht zu Fragen der Legalität".

Gegen Gesetze von Mehrheiten hat eine Minderheit nur wenig Chancen.

Ein weiteres Beispiel, an dem Fragen zur Definitionsmacht deutlich gemacht werden können, ist die sexuelle Nötigung. Gegen viele Belästigungen, die von Frauen als Bedrängung und Gewalt erfahren werden, kann gerichtlich nicht eingeschritten werden. Durch einen bestimmten Umgang und durch die Rollenzuweisung sind sexistische Belästigungen für viele Frauen Alltag. Das wird öffentlich nur bedingt kritisiert, weil Männer immer noch sehr stark das Klima und die Verhaltensweisen im öffentlichen Raum bestimmen. Sie haben mehr Definitionsmacht als Frauen.

Fazit: Zivilcourage ist eine Tugend, die öffentlich wirksam wird. Sie stößt an Grenzen, die durch strukturelle Gewalt und Macht bedingt sind. Eine zivilcouragierte Handlung, die auf Unrecht aufmerksam machen will, das durch die Gesetze gedeckt wird, wird sich des zivilen Ungehorsams bedienen müssen. Die ungerechten Gesetze werden dabei bewußt übergangen. Die Zivilcourage stößt an vorläufige Grenzen, wenn die kritisierten Gewaltformen in der Öffentlichkeit nicht definiert sind. Diese Grenze ist deshalb vorläufig, weil Zivilcourage den Konflikt zuspitzen kann. Im Fall sexueller Belästigung kann z.B. durch zivilcouragiertes Handeln eine gesellschaftliche Diskussion angeregt werden, die zu einer Definition von sexueller Belästigung als Gewaltform führt.

Der Status quo

„Keine Gewalt!" zu rufen, ist eine Möglichkeit - doch auf welche gesellschaftliche Situation, welchen Status quo stößt dieser Ausruf? Die Konsumgesellschaft bestimmt unser Handeln, nicht in dem Sinne eines Zwangs zum Konsumieren, sondern in dem Sinne eines Zwangs, sich zu produzieren. Permanent sind wir gefordert, uns darzustellen und möglichst positiv im Rampenlicht zu stehen. Nichts bekommen wir, ohne den eigenen Marktwert bekanntzugeben. Arbeit und Wohnung werden uns nicht zuteil, nur weil wir Menschen sind und uns ein Anteil am Wohnraum, der ohne Zweifel für alle vorhanden ist, zusteht. Ungleichheit ist geradezu ein Markenzeichen dieser Gesellschaft, und sie kann ständig festgestellt werden: durch Noten in der Schule, unterschiedliches Einkommen pro Monat, Herkunft oder Ausstattung mit geerbtem Kapital. Natürlich sind Menschen verschieden. Doch bleibt die Frage, ob wir uns in dieser Verschiedenheit permanent messen müssen. Es könnte genauso einen Sinn haben, die Unterschiede zueinander zu ergänzen. So wie der Blinde und der Lahme sich wunderbar ergänzen, wenn der Blinde den Lahmen trägt und der Lahme sagt, wo es längs geht. In einer Gruppe unterschiedlicher Menschen sind noch sehr viel mehr Ergänzungsmöglichkeiten denkbar, so daß die Leistung der Gruppe im Ergebnis größer ist als die Summe der Einzelleistungen ihrer Mitglieder.

Die Konsumgesellschaft bedeutet für jeden, sich zu produzieren und sich gegen andere durchzusetzen.

Unser Konkurrenzverhältnis fordert den einzelnen stark heraus, und der Mensch, der diesen Anforderungen nicht mehr standhält, wird abgedrängt. Bei diesem Prozeß ist viel Gewalt im Spiel, die eskalieren kann.

Menschen, die das „Spiel" der Konkurrenz nicht durchhalten, werden abgedrängt.

Wir fragen nach den Grenzen und Möglichkeiten von deeskalierendem Verhalten, um zu wissen, welche Wirkung wir erwarten können. Wenn die Voraussetzungen schon sehr gewalttätig sind, müssen wir noch weitere Fragen und Hintergründe beleuchten.

Zu diesen Hintergründen gehört auch die Funktion von Konflikten: die Entstehungsgeschichte, der Verlauf, die Dynamik und die strukturellen Ursachen. Ulrike C. Wasmuht hat ein Problemfindungs- und -lösungsverfahren in einem Aufsatz zur Friedens- und Konfliktforschung eindringlich beschrieben (AFB-Texte Nr. 1/92, Bonn 1992). Sie schreibt, daß wir oft nach der Logik des Augenblicks agieren und versuchen, über Konflikte hinweg zu leben. Der Konflikt wird gemieden, weil er der steinige Weg ist. Konflikte, Streit und

Konflikte haben eine wichtige Rolle im Zusammenleben. Sie werden jedoch oft gemieden.

Auseinandersetzungen werden negativ bewertet. Am liebsten keine Konflikte. Ruhig bleiben. Nur nicht aufregen. Diese Einstellung verkennt, daß Konflikte eine sehr wichtige Rolle in der Entwicklung unseres Zusammenlebens spielen. Verschiedene Interessen stoßen aufeinander, und der Konflikt verändert die Interessenlage. Die bisherige Verteilung von Gütern, Hierarchie oder Definitionsmacht werden in Frage gestellt und Werte unterschiedlich stark betont. In den Übungen zum Thema Werte ist deutlich geworden, daß diese gegensätzlich oder widersprüchlich sein können und daraus Konflikte entstehen. Warum auch nicht?

Durch Zivilcourage können Konflikte zugespitzt werden, so daß es zu einem positiven Streit kommt.

Deeskalation hat in diesem Stadium des Konflikts zur Folge, daß nur der Status quo erhalten bleibt. Deeskalation heißt, daß der Streit nicht zugespitzt wird und es nicht zur Eskalation kommt. Deeskalieren beschreibt den Vorgang, Gewalt zu vermeiden. In der Deeskalation bleibt es offen, wer in dem Streit beschwichtigt wird. Mit dem Begriff Zivilcourage hingegen wird eine Richtung zu handeln angegeben. Elie Wiesel schreibt: „Ein Blitz (...) von Erkenntnis" verwandelt sich in eine Tat. Der Blitz der Erkenntnis erhellt, daß die Situation von Unterdrückung geprägt ist und die Richtung der Tat die Befreiung von Unterdrückung sein muß. Zivilcourage verlangt das Eintreten für Emanzipation.

In asymmetrischen Gewaltverhältnissen führt die Schlichtung des Streits zum Erhalt des Status quo.

Wenn ein Konflikt vor dem Hintergrund ungleicher Machtverhältnisse besteht, dann liegt die Lösung im Streit und nicht in der Deeskalation. Deeskalation würde an der Form des Konflikts nichts ändern. Die Form bleibt asymmetrisch: Die Konfliktpartner sind nicht gleichberechtigt; eine Position hat wesentlich mehr Macht. Genau dort setzt das Trainingshandbuch ein. Bei asymmetrischen Verhältnissen - wie z.B. im Täter-Opfer-Verhältnis - ist beim Austragen eines Konflikts immer Gewalt im Spiel. Die Deeskalation bietet in asymmetrischen Konflikten den Schutz des Schwächeren und damit die Chance für einen anderen Konfliktverlauf. Die Zivilcourage, die sich konkret für etwas einsetzt, würde die Position des Schwächeren sogar noch stärken und bietet von daher viele Möglichkeiten, den positiven Impuls im Streit innovativ umzusetzen.

Diktaturen fördern die Angst und setzen der Zivilcourage Grenzen, wenn sich die Angst nicht rechtzeitig in Mut verwandelt.

In diesem Zusammenhang soll die extreme gesellschaftliche Situation unter dem Nationalsozialismus bedacht werden. Walter Dirks hat die Frage gestellt, ob Zivilcourage die Diktatur gestürzt hätte (in: Schunk 1983). In seinen Analysen nach dem Zweiten Weltkrieg ist er zu dem Schluß gekommen, daß in einer einmal etablierten Diktatur die Zivilcourage quasi zu spät kommt. Sie muß vorher greifen. Unter diktatorischen Verhältnissen bedeutet Zivilcourage Ungehorsam, der zum Teil mit dem Tode bestraft wurde, aber in einigen Fällen, wie in der Rosenstraße in Berlin 1943, auch zum Widerstand und zum Erfolg führte. Elie Wiesel gibt in dem selben Band den Hinweis, daß die Angst vor absolutistischen Herrschern nicht das Handeln bestimmen darf. Die Angst sollte das Signal für den Mut zum Handeln gegen die Bequemlichkeit sein, bevor sich das System in unseren Gedanken einnistet und die Angstzustände bestimmt.

Fazit: Die gesellschaftliche Situation, der sogenannte Status quo der Werte und Normen bedingt die Effektivität von Zivilcourage. Die Auswirkung von Macht kann in Frage gestellt werden, wenn es um Ungerechtigkeit und Verletzung der Menschenrechte geht. Doch die bestehenden Macht- und Mehrheitsverhältnisse stellen die Grenzen dar. Zivilcourage umfaßt mehr als den Versuch, eine Gewaltsituation zu deeskalieren. Zivilcourage ist eine Tugend, die öffentlich wirksam wird und Toleranz, Kooperation, Verantwortung füreinander und den Dialog miteinander einfordert. Zivilcourage bedeutet Nein sagen zur Willkür.

„Teilbare" und „unteilbare" Konflikte

Bei „teilbaren" Konflikten ist es möglich, daß sich die streitenden Parteien über den Konfliktgegenstand einigen. Die Interessen beider Seiten können befriedigt werden, wie z.B. in Tarifkonflikten, die in der Regel in einem zwischen den Tarifparteien ausgehandelten Kompromiß enden. Andere Konflikte haben dagegen einen Gegenstand, der nicht teilbar ist. Die Interessengegensätze beider Parteien sind nicht zu überwinden. Ein Beispiel dafür ist der Schwangerschaftsabbruch. Die jetzige Regelung ist für viele Frauen nicht tragbar, weil dadurch eine Handlung illegal wird, die nach ihrer Meinung legal sein sollte. Die Gegnerinnen der Abtreibungsregelung argumentieren, daß allein die Entscheidung der Frau dafür maßgeblich ist, ob und wann die Schwangerschaft abgebrochen werden soll. Die Befürworter der Regelung setzen dem entgegen, daß das ungeborene Leben zu schützen sei und eine freie Entscheidung der Frau zur Willkür führen würde. Bei diesem Streit kann es keinen Kompromiß geben. Die Interessen stehen einander unüberwindbar gegenüber. Die Befürworter halten zumindest zur Zeit die gesetzliche Definitionsmacht in Händen und setzen ihre Interessen gegen das Selbstbestimmungsrecht der Frau durch. Die Lösung von unteilbaren Konflikten kann nicht darin liegen, beide Kontrahenten zu befriedigen. Nur eine Wertediskussion kann dazu führen, daß letztendlich der Wert den Ausschlag für die Lösung gibt, der in der Diskussion als höher eingestuft worden ist. Wie die Diskussion geführt wird und wer die Definitionsmacht hat, ist entscheidend für eine gerechte Lösung, mit der beide Konfliktparteien leben können.

Grenzen von Zivilcourage sind Interessengegensätze, in denen die Macht ungleich verteilt ist.

Die Unterscheidung in „teilbare" und „unteilbare" Konflikte ist wichtig, um zu prüfen, in welchem Maße und in welchen Verhältnissen Konflikte zu einem gesellschaftlichen Wandel beitragen. Bei „unteilbaren" Konflikten, die vor dem Hintergrund asymmetrischer Machtverhältnisse ausgetragen werden, wird der Wandel eher mit Gewalt herbeigeführt als bei „teilbaren". Der Mächtige in einem asymmetrischen Machtverhältnis hat oft ein Interesse daran, seine Werte nicht zur Diskussion zu stellen. Er nutzt dann Gewalt, um den Konflikt für sich zu entscheiden.

Wird ein Konflikt unter Gleichberechtigten und Gleichmächtigen ausgetragen, können neue Erkenntnisse und Positionen dazu führen, daß sich eine Partei „wider Erwarten" durchsetzt. Menschen sind dann herausgefordert,

Konflikte bewirken einen Wandel, der auch zu neuen Gewaltverhältnissen führen kann.

Position zu beziehen, mit Argumenten konstruktiv umzugehen und die positiven Effekte „teilbarer" Konflikte mit neuen Lösungen wahrzunehmen. „Konflikte bewirken immer Wandel und Entwicklung", schreibt Ulrike C. Wasmuht (a.a.O., S. 12), doch sei dabei auch immer Gewalt mit im Spiel, an der sich dieser Wandel messen lassen müsse.

Konflikte, die keinen Kompromiß zulassen.

Demokratische Gesellschaften leben mit vielen Konflikten. Der Tarifkonflikt wird z.B. sehr stark von den Medien begleitet. Der Konflikt selbst wird zunächst so dargestellt, als sei er nicht lösbar. Manchmal geht es im weiteren Verlauf dramatisch zu, doch am Schluß stand bisher immer eine Einigung. Das Teilen gelingt, auch wenn nicht für alle Beteiligten gleich viel herauskommt. Albert O. Hirschmann berichtet in der Frankfurter Rundschau vom 25.6.94 unter der Frage „Wieviel Gemeinsinn braucht die liberale Gesellschaft?", daß es zunehmend Konflikte gibt, die „unteilbar" sind und einen Kompromiß ausschließen – wie der oben beschriebene Konflikt um die Regelung des Schwangerschaftsabbruchs. Ähnlich verhält es sich in ethnischen und religiösen Fragen, wie z.B. in der, ob es einen Religionsunterricht für Moslems in Deutschland geben darf. Der gegenseitige Haß im ehemaligen Jugoslawien läßt bislang keine Lösung, kein Verhandlungsergebnis und keinen Kompromiß zu. Der Krieg macht eine Diskussion um Werte unmöglich, und der Mächtigere setzt seine Interessen mit Gewalt durch.

Die ungleiche Verteilung von Arm und Reich öffnet der Willkür Tür und Tor.

Der Tarifkonflikt gehört wegen seiner geregelten Lösungsweise zu den „teilbaren" Konflikten. Trotz der widersprüchlichen Interessen von Kapital und Arbeit scheint es in den westlichen Industrienationen immer wieder einen Kompromiß geben zu können. Weist man jedoch auf Dauerarbeitslosigkeit und Obdachlosigkeit sowie die Tatsache hin, daß es in den reichen Ländern die sogenannte „neue Armut" gibt und zudem ein Ausgleich zwischen reichen und armen Nationen nicht in Sicht ist, dann wird deutlich, daß der Widerspruch zwischen Arbeit und Kapital weiterhin besteht. Das meiste Kapital und die besten Produktionsmöglichkeiten gibt es in den reichen Ländern. Arme Länder sind dann abhängig, wenn sie ihre Wirtschaft nur noch durch Kredite der Reichen am Leben erhalten können, sich deren Bedingungen diktieren lassen müssen und deren Willkür ausgesetzt sind.

Hirschmann beantwortet seine Frage letztendlich so: Es gibt eine Vielzahl von „teilbaren" Konflikten, es gibt eine Tradition und ein Regelwerk, mit Konflikten umzugehen. Es wird sehr viel verhandelt, und es kommen Lösungen dabei heraus. Aufgrund dieser guten Erfahrungen scheinen auch „unteilbare" Konflikte lösbar, selbst wenn es im Moment nicht danach aussieht. Interessanterweise fragt Hirschmann nicht danach, wieviel Gewalt bei der Konfliktlösung im Spiel ist und ob der Kompromiß nur durch strukturelle Gewalt aufrechterhalten wird.

Konflikte können einen negativen Wandel zur Folge haben.

Gerade der kapitalistische Prozeß ist jedoch ein Prozeß der Vernichtung. Firmen gehen pleite, eine technische Neuerung löst die andere ab, und das Alte wird verschrottet. Menschen können ihre Berufe nicht mehr ausüben, weil sie vom technischen Fortschritt und den völlig veränderten

Produktionsbedingungen überrollt werden. Den gesellschaftlichen Wandel durch Konflikte zu sehen und auf das demokratische Regelwerk zu vertrauen, dabei gleichzeitig die Vernichtungstendenzen wegzulassen, macht uns blind für gegenläufige Tendenzen in unserer gesellschaftlichen Entwicklung. Wenn die „Konfliktverwaltung" (Wasmuht, a.a.O., S. 20f.) ökologische Katastrophen und menschliche Tragödien als Folgen des Wandels akzeptiert, steckt in diesem Wandel zum Fortschritt auch ein Rückschritt. Viele Umweltkatastrophen, die durch den Wandel im technischen Fortschritt entstehen, haben nicht rücknehmbare ökologische Folgen. Wenn Fortschritt zerstört, war es der falsche Schritt.

Gerade in Fragen der Ökologie dürfte dieser Satz breite Zustimmung finden. Doch wie steht es um Konflikte bei den Menschen, die ihre Existenzgrundlage verlieren, die ihr Leben hergeben müssen für einen Krieg zwischen Staaten oder Auseinandersetzungen zwischen Ethnien innerhalb einer Gesellschaft? Ist dies schicksalhaft und notwendige Folge eines Veränderungsprozesses? Nein! Für alle hat inzwischen der Satz Geltung, daß Konflikte immer von Menschen gemacht sind. Das heißt, daß auch ein Krieg keine Naturkatastrophe ist, sondern von Menschen geplant, organisiert und durchgeführt wird. Kriege brechen nicht aus wie Vulkane. Es bleibt das Unverständnis, warum die Menschen sich gegenseitig so viel Leid antun. Dieses Unverständnis sollten wir auch weiterhin beibehalten, weil es zu der Frage führt, ob ein Krieg die Probleme lösen wird, um die es eigentlich geht. Immer mehr Konflikte entstehen z.B. entlang großer Flüsse, die verschiedene Staaten mit Wasser versorgen. Wenn am Oberlauf ein Staudamm zur Stromgewinnung gebaut und das Wasser auf die Felder umgeleitet wird, dann kommt am Unterlauf des Flusses nicht mehr soviel an. Um Wasser werden Kriege geführt mit dem Ergebnis, daß der gesamte Fluß zerstört wird. Ähnlich wie bei dem Beispiel mit dem Kirschbaum und der Vernichtung der gesamten Obsternte kann sich diese Form der Konfliktaustragung verselbständigen. Am Beispiel des Krieges, dem Höhepunkt der Unmenschlichkeit wird klar, daß ein Krieg den eigentlichen Konflikt nicht mehr behandelt und ihn somit auch nicht lösen kann.

Technischer Fortschritt steigert die Wohlfahrt und zerstört Lebensgrundlagen.

Krieg erscheint uns wie ein Dämon, den wir nicht abschütteln können.

Fazit: Die Demokratie hat sich an Konflikte gewöhnt und eine Konfliktregelung institutionalisiert. „Konflikte werden verwaltet" (Wasmuht), nicht jedoch wirklich gelöst. Deshalb gibt es weiterhin „unteilbare" Konflikte mit nur scheinbaren Lösungen, die Gewinner und Verlierer haben, wobei die Verliererinnen oft die Schwächeren sind. Diese Konflikte werden je nach Bedrängung der Schwächeren oder Willkür der in der Hierarchie Höherstehenden immer wieder aufbrechen. Ungerechtigkeit ist in der Demokratie einklagbar und führt zum Erfolg, wenn die Klage als berechtigt definiert ist.

Gewalt ist für den positiven Wandel einer Gesellschaft der falsche Weg, weil sich dadurch die Austragungsform des Konflikts verselbständigt, der Sachkonflikt dahinter verschwindet und erst gelöst werden kann, nachdem die Waffen schweigen.

Waffen können Konflikte nicht lösen.

Möglichkeiten der Zivilcourage

Die Grenzen von Zivilcourage konnten am Beispiel der Diktatur deutlich gemacht werden (wobei die Beschreibung der Grenzen sich noch ändert, wenn der zivile Widerstand besser analysiert wird). Die Grenzen der Gewalt zur Lösung von Konflikten konnten am typischen Konfliktverlauf nach F. Glasl (1992) und am Krieg, dem Höhepunkt der Unmenschlichkeit, deutlich gemacht werden.

Zivilcourage bietet Möglichkeiten, Konflikte zu lösen.

Die Möglichkeiten der Zivilcourage liegen meines Erachtens in dem Punkt des „ungehorsamen Gehorsams" (Buber, a.a.O.). Zivilcourage ist, wie Elie Wiesel sagt, der „Blitz von Klarheit, von Erkenntnis verwandelt sich sofort in Tat" (Wiesel, a.a.O.) und hat Erfolg, weil er einen Widerspruch überwindet und sich auf das Gemeinsame hinter diesem Widerspruch beruft.

Wenn z.B. beim Einschreiten gegen sexistisches Verhalten von einem Mann gegenüber einer Frau eine Zuschauende sich auf die Würde des Menschen beruft, dann appelliert sie an das Gemeinsame. Sie steht der belästigten Frau bei, indem sie den Mann fragt, ob seine sexistischen Pöbeleien nicht gegen die Achtung der Menschenwürde verstoßen, ob er nicht auch für sich diese Achtung verlangt und sich z.B. die Beurteilung seiner Beine verbieten würde.

Individuelle und kollektive Werte werden eingeklagt.

Durch die Möglichkeiten, weitergehende Werte gegen Unrecht einzuklagen, hat Zivilcourage große Möglichkeiten, Unterdrückung zu verändern. Der „Beherrschungsgrad" war z.B. in den nationalsozialistischen Ländern sehr unterschiedlich (siehe Semelin, a.a.O.). Er hatte immer etwas mit der gesellschaftlichen Situation und den Interessen zu tun, auf die die Besatzer trafen. Theodor W. Adorno schreibt dazu: „Noch der Diktator, der tatsächlich über Leben und Tod entscheiden kann, ist in seinen politischen Entscheidungen an die Chancen und Alternativen gebunden, mit denen er konfrontiert wird. Justs psychologische Beobachtung läßt vermuten, daß er seine Instinkte und Triebregungen eher in den Dienst politischer Ziele stellt, als daß diese im Ernst davon abhingen" (Adorno 1968).

Wenn die Angst vor der Gewalt in Mut umgewandelt werden kann, gibt es viele Möglichkeiten für Veränderungen.

Die Frage war, wie stark sich die Beherrschten mit ihrer Beherrschung identifizierten, wie stark die Demütigung ein Teil ihrer Angst geworden war. Und da liegt der Schlüssel für die Möglichkeiten von Zivilcourage. Als Schwächere kann Zivilcourage die eigene Identität bewahren und die Achtung vor sich selbst aufrechterhalten. Je nach dem Zustand der gesellschaftlichen Situation kann Zivilcourage im Konflikt um die Achtung der Menschenwürde, im Konflikt um die Verteilung von Gütern und im Konflikt um die Erhaltung der Natur den Wandel zu mehr Emanzipation (Selbstbestimmung) anstoßen und mitbestimmen. Dabei orientiert sich Zivilcourage an den Werten der Handelnden und macht auch vor Gesetzen nicht halt. Ein Polizist wie Roland Schlosser, der den Afrikaner da Costa aus der Abschiebehaft befreite, muß über seinen eigenen Schatten springen, um ein Gesetz übertreten zu können.

Schlußfazit

Konfliktdynamisches Verhalten ist durchaus erlernbar und kann zum gesellschaftlichen Wandel beitragen. Doch muß deutlich gemacht werden, daß Zivilcourage auch Grenzen gesetzt sind. Die couragierte Handlung greift meist nur auf einer Ebene des Konflikts und kann nicht alle anderen Ebenen (z.B. strukturelle Verhältnisse) mit berücksichtigen. Die Chance liegt darin, den Bereich, der zwischen unseren Ängsten und diesen Grenzen liegt, kennenzulernen. Oftmals wird die Vielfalt der Möglichkeiten von Zivilcourage weit unterschätzt. Durch die Kenntnis ihrer Möglichkeiten können wir mit unserer Phantasie den Raum mit neuen Ideen ausfüllen.

Dieter Lünse

Literaturhinweise

Schunk, Karin; Walter, Rudolf; (Hrsg.): „Anstiftung zur Zivilcourage", Freiburg 1983
In diesem kleinen Bändchen berichten Autoren wie Walter Dirks, Elie Wiesel u.a. über biographische Erlebnisse von zivilcouragiertem Handeln. Viele Geschichte kommen aus der Zeit des Faschismus in Deutschland. Grenzen und Möglichkeiten werden unter diesen Bedingungen besonders deutlich.

Wasmuht, Ulrike C.: „Friedensforschung als Konfliktforschung.", AFB-Text Nr.1/92, Bonn 1992.
Konflikte müssen nicht nur negativ sein und uns in den Abgrund stürzen. In dem Text wird deutlich, daß Konflikte gesellschaftlichen Wandeln fördern.

Sölle, Dorothee: „Gewalt – Ich soll mich nicht gewöhnen", in der Reihe Wendepunkte, hrsg. von M. Albus u.a., 29,80 DM
„Können wir aus dem Kreislauf der um uns herrschenden Gewalt ausbrechen?", fragt die Autorin und gibt zur Antwort, daß die „Gewaltfreiheit die wichtigste gegenwärtige Definition der Freiheit in unserem Land" sei.

■ Quellenverzeichnis

Deutschenbildbeschreibung S. 68
„Halt! Keine Gewalt". Hrsg.: Arbeitgemeinschaft Jugend & Bildung e.V. und BMI, 3. Aufl., Wiesbaden 1993, S. 8

Angst-Gedicht S. 64, und Übung S. 61
„Echt kraß" Arbeits- und Unterrichtsmaterialien zu den Themen Angst und Gewalt. Hrsg.: BIL, Berliner Institut für Lehrerfort- und -weiterbildung und Schulentwicklung, Berlin 1994, S. 107

Übung S. 45
Boal, Augosto: „Theater der Unterdrückten". Übungen und Spiele für Schauspieler und Nicht-Schauspieler, Frankfurt am Main 1989

Übung S. 93
Walker, Jamie: „Gewaltfreier Umgang mit Konflikten in der Sekundarstufe 1", Frankfurt am Main 1995

Übung S. 97
nach Alberti, R.E.; Emmons, M.L.: „Stand up, Speak out, Talk back!", New York 1975, Übersetzung A. Mickley

Übung S. 98
„The Community Board Program Inc.", San Francisco 1987, Übersetzung A. Mickley

Übung S. 95
Ball, Geraldine: „Human Development Training Institute", 1974, Übersetzung A. Mickley

Übung S. 109
Die Idee zur „Currygeschichte" kommt von Hellmuth J. ten Siethoff, „Fallstudie Ethik", Gerling Akademie 1991

Übungen S. 56, 65, 84, 85, 87, 104
Blum, Heike; Knittel, Gudrun: „Training zum gewaltfreien Eingreifen gegen Rassismus und rechtsextreme Gewalt". Eine Methodensammlung und Diskussionsanregung. Hrsg.: Kölner Trainingskollektiv, Köln, 1994,

Übung S. 71
Arbeitsgemeinschaft Friedenspädagogik e.V. München: „Das Bild vom Feind", München, 1983

Übung S. 89
Limmer, Christa; Becker, Dieter; Riebl, Andreas: „88 Impulse zur Gewaltprävention", Aktion Jugendschutz e.V., Kiel, 1995, ist beim Nordelbischen Jugendpfarramt für 20,– DM erhältlich (Koppelsberg 12, 24306 Plön).

Übungen S. 95, 97, 98
Mickley, Dr. Angela , Sven-Hedin-Str. 60, 14163 Berlin, Tel.: 030/8013517

Übungen S. 54, 83, 88
Bittl-Drempetic, Karl-Heinz: „Gewaltfrei Handeln", Ein Handbuch für die Trainingsarbeit, Hrsg.: Regenbogen Bayern e.V. und Fränkisches Bildungswerk für Friedensarbeit e.V.

Übungen S. 72, 99, 105
Fine, N.; Macbeth, F.: „Playing with Fire", „Training for the creative use of conflict", Leicester 1992

■ Literaturverzeichnis

Adorno, Theodor W. (1968): „Anmerkungen zum sozialen Konflikt heute", in: Soziologische Schriften I

antimilitarismus information (ami), Heft 9, Berlin 1994, S. 17

Arendt, Hannah: „Eichmann in Jerusalem", München 1986

Bauriedl, T.; Wölpert, F.: „Warum nicht Frieden?", in: psychologie heute, Weinheim 1984, S. 26 f

Besemer, Christoph: „Mediation, Vermittlung in Konflikten", Freiburg 1993

Buber, Martin: „Das dialogische Prinzip", Heidelberg 1965

Buber, Martin: „Urdistanz und Beziehung", Heidelberg 1960

„Echt kraß! Gewalt in uns, Gewalt um uns": Arbeits- und Unterrichtsmaterialien zu den Themen Angst und Gewalt, Berlin 1994

Fine, N.; Macbeth, F.: „Playing with Fire", „Training for the creative use of conflict", Leicester 1992

Frankenberg, G.: „Die Zivilgesellschaft in Bedrängnis", in: Die Zeit Nr. 47, 18.11.1994

Galtung, Johan: „Frieden und Friedensforschung", Reinbek 1980

Glasl, Friedrich: „Konfliktmanagement", Bern 1992

Gehrmann, W.; Goddor, J.; Kurbjuweit, D.: „Bürger im Zugzwang", in Die Zeit, 1994

Günter, K.:„Gegenwärtige Beschwörung des Bösen", in: Frankfurter Rundschau Nr. 267, Frankfurt, 16./17.11.1993.

Heuer, W.: „Woher nehmen mutige Menschen im Alltag und im Extremfall ihre Kraft?", Frankfurter Rundschau Nr. 198, Frankfurt, 28.8.1994

Hirschmann, Albert O.: „Wieviel Gemeinsinn braucht die liberale Gesellschaft?" Über ‚teilbare' und ‚unteilbare' Konflikte", in: Frankfurter Rundschau Nr. 145, Frankfurt, 25.6.1994.

IG Metall Zeitschrift Nr. 10, Hamburg 1994

Kant, Immanuel (1785): „Grundlegung zur Metaphysik der Sitten", in: ders., „Kritik der praktischen Vernunft", Leipzig 1984

Kennedy, John F.: „Zivilcourage", Wien 1960

Landesinstitut für Schule und Weiterbildung: „Aufgaben der Erwachsenenbildung angesichts von Fremdenfeindlichkeit und Gewalt in der Gesellschaft", Nr. 4/ 93, Soest 1993

Mickley, Angela: „Mediation an Schulen: Respekt für die Streitenden in der Konfliktbearbeitung", in: Spreiter, Michael: „Waffenstillstand im Klassenzimmer", Weinheim 1993, S. 252 bis 279

Semelin, Jacques: „Ohne Waffen gegen Hitler", Frankfurt 1995, 38,– DM

Simmel, G.: „Der Streit", Soziologie, Leipzig 1908.

Schunk, Karin (Hrsg.): Walter,Rudolf: „Anstiftung zur Zivilcourage", Freiburg 1983

Schweitzer, A.: „Kultur und Ethik", München 1923

Sölle, Dorothee: „Gewalt – Ich soll mich nicht gewöhnen", in der Reihe Wendepunkte, hrsg. von M. Albus u.a.

Walker, Jamie: „Gewaltfreier Umgang mit Konflikten in der Sekundarstufe 1", Frankfurt 1995

Wasmuht, U.C., „Friedensforschung als Konfliktforschung.", AFB-Texte 1/92, Bonn 1992.

Weber, Max: „Wirtschaft und Gesellschaft" (1921), Tübingen 1956

Wouters, C.: „Konformitätsdruck und Profilierungszwang", abgedruckt in Frankfurter Rundschau Nr. 6, Frankfurt, 11.1.1994

■ Alphabetisches Verzeichnis der Übungen:

■ Anschriften für Trainings zur Gewaltfreien Aktion und Bezugsadressen für Material

Arbeitsgemeinschaft freier Jugendverbände, AGfJ
Alfred-Wegener-Weg 3, 20459 Hamburg, ☎ 040 / 31 65 68, Fax: 040 /31 61 01

Archiv Aktiv – Auswertungen und Anregungen für gewaltfreie Bewegungen e. V.
Sternschanze 1, 20357 Hamburg, ☎ 040 / 430 20 46

Bildungs- und Begegnungsstätte für gewaltfreie Aktion
Kirchstr. 14, 29462 Wustrow, ☎ 0 58 43 / 507, Fax: 0 58 43 / 1405

Bildungswerk der DFG-VK NRW e.V.
Braunschweiger Str. 22, 44145 Dortmund 1, ☎ 0 231 / 81 80 32, Fax: 0 231 / 81 80 31

Fränkisches Bildungswerk für Friedensarbeit e.V.
Hessestr. 4, 90443 Nürnberg 70, ☎ 0 911 / 28 85 00

Friedens- und Begegnungsstätte Mutlangen e.V.
Forststr. 3, 73557 Mutlangen, ☎ 0 7171 / 75 661

Gandhi-Informationszentrum
Lübecker Str. 44, 10501 Berlin, ☎ 030 / 394 14 20

Graswurzelwerkstatt
Scharnhorststr. 6, 50733 Köln 60, ☎ 0 221 / 76 58 42

Institut für Zivile Konfliktbearbeitung und Mediation (IKM) beim CVJM Hamburg,
An der Alster 40, 20099 Hamburg, ☎ 040 / 280 13 04, Fax: 040 / 24 90 74

Umbruch, Bildungswerk für gewaltfreie Veränderung
Venloer Str. 725, 50827 Köln 30, ☎ 0 221 / 58 25 06

Verein für Friedenspädagogik Tübingen e.V.
Bachgasse 22, 72070 Tübingen, ☎ 0 7071 / 21 312

Werkstatt für gewaltfreie Aktion Baden
Römerstr. 32, 69115 Heidelberg, ☎ 0 62 21 / 16 19 78

■ Autoren

Dieter Lünse, Jahrgang 1960, Dipl. Volkswirt, Dipl. Sozialökonom, arbeitet zu den Themen Rüstungskonversion, Friedens- und Konfliktpädagogik, zivile Konfliktbearbeitung. Seit 1980 aktiv im Bereich gewaltfreier Trainings und Aktionen. 1985 bis 1987 Redakteur der Zeitschrift Graswurzelrevolution. 1987 bis 1993 tätig als freier Journalist. 1987 Gründung des Archivs Aktiv - Auswertungen und Anregungen für gewaltfreie Bewegungen von 1945 bis heute. Seit 1993 Bildungsreferent der Arbeitsgemeinschaft freier Jugendverbände in Hamburg.

Jörg Rohwedder, Jahrgang 1968, Dipl. Betriebswirt (HWP), Dipl. Sozialökonom. Seit 1988 ehrenamtliche Bildungsarbeit in der freien Jugendarbeit, zuerst im Stadtjugendring Buxtehude und seit 1993 bei der Arbeitsgemeinschaft freier Jugendverbände. Seitdem auch freier Mitarbeiter der Bildungs- und Begegnungsstätte für gewaltfreie Aktion KURVE Wustrow. Beteiligung an dem Versuch einer gewaltfreien Intervention in Bosnien-Herzegowina und an Delegationen in die Türkei.

Volker Baisch, Jahrgang 1966, Dipl. Sozialwirt. Von 1987 bis 1993 aktiv in der gewerkschaftlichen Bildungsarbeit. Seit 1993 konzeptionelle und inhaltliche Auseinandersetzung mit den Themen Gewaltfreiheit, Konfliktlösung, Theater der Unterdrückten und Männerbildung. Seit 1994 freiberuflich tätig, u.a. freier Mitarbeiter der KURVE Wustrow und bei Arbeit & Leben, Hamburg.